합격하는 공부는 시스템이다

합격하는 공부는 시스템이다

이형재 지음

초단기 합격의 신이 알려주는 5가지 절대 법칙

CHOICE
TIME
HABITS & TENDENCIES
OPPORTUNITY
SITUATION

위즈덤하우스

_____ 님께

오늘도 합격을 향해 한 걸음 전진한
당신에게 이 책을 보냅니다.

합격은 가장 열심히가 아니라,
가장 정확하게 준비한 사람의 몫입니다.

그 여정에 있는 당신을
온 마음을 다해 응원합니다.

_____ 드림

★★★ 이 책을 먼저 읽은 독자들의 찐 리뷰 ★★★

육아 병행 맘시생인 제가 한정된 시간과 체력 속에서도 합격하게 해준 형재 쌤의 조언이 담긴 절대비급 같은 책입니다. 멘탈도 약하고 절박한 상황 속에 있던 저를 항상 따뜻하면서도 최대한 효율적이고 정확한 방향으로 이끌어주었던 꿀팁들이 담겨 있어 책을 읽는 내내 형재 쌤 목소리가 들린다는 느낌을 받았습니다.

— **황혜경**(공무원 합격자)

매일 오후 1시, 선생님의 오픈 카톡방에서 시작된 행정학 루틴이 제 삶을 바꿨습니다. 가족의 안정을 지켜야 한다는 명확한 방향 하나로, 선생님의 공부법을 제 상황에 맞춰 녹여내며 하루하루를 견뎠습니다. 늦은 나이라 불안했지만, 루틴을 지키다 보니 43살에 국가직 공무원이 되어 있었습니다. 당신에게 필요한 것은 특별한 재능이 아니라, 당신을 매일 지켜줄 루틴입니다. 저는 공감되는 내용이 많아서 약간 소름 돋았습니다. 특히 나이나 루틴 부분은 저도 실제로 그렇게 했던 부분이니까요. 그리고 풍부한 관점에서 독자들의 궁금증을 해결해주는 부분이 인상적이었습니다. 저희 아이들도 다 읽게 하고 싶은 책입니다.

— **루틴공**(네이버 공부 블로거)

공부법을 찾아 돌아다니는 공부법 유목민들에게, 그리고 '정보의 결핍'보다는 '정보의 홍수' 시대 속에 사는 우리들에게 반드시 필요한 책~!! 기존에 궁금했던 공부법의 실체들을 실제 학생들과의 질의응답 사례를 통해 쉽게 알려주려 하시고 왜 '생각'과 '생활'을 단순화하는 것이 성과를 내는 공부에 필수적인지 속 시원히 밝혀주십니다. 그냥 강추 아니고 찐강추입니다.

— **박영화**(직장인 수험생)

"말을 물가에 데려갈 수는 있어도 물을 먹이지는 못한다"는 속담처럼 누군가에게 억지로 시킬 수는 없습니다. 최근에 학습 의욕이 많이 떨어졌는데 이 책을 읽고 실천하면서 공부가 자연스럽게 다시 저의 일상이 되었습니다. 효율적인 공부법과 활용에 대해 고민하는 수험생분들에 정말 추천합니다.

— **임세영**(전업수험생)

수험생활 때의 저는 '그냥 하면 되겠지?'라며 의욕만 가득하고, 막상 노력한 것에 비해 성적은 잘 나오지 않았습니다. 선생님을 알게 되고, 이게 얼마나 잘못된 생각인지 알았습니다. 공부하면서 어떤 생각을 가져야 하고, 어떤 방법으로 공부하면 되는지 구체적인 방법을 알려주셨고, 그걸 따라 하려고 노력한 결과 합격을 하게 되었습니다. 이 책은 수험생활뿐만 아니라 인생 전반에서도 도움되는 조언들이 많습니다! 합격한 제자들의 인생 플랜까지 짜주시는 최고의 형재 쌤!

— **김진수**(2023 국가직 일반행정 합격자)

선생님의 평소 삶의 태도를 옆 사람에게 이야기하듯이 편한 호흡으로 녹여낸 책입니다. 이 책에는 늘 진심으로 수험생을 대하시는 선생님의 마음이 그대로 담겨 있어요. 책에서 제시하는 다섯 가지 키워드를 명심해서 반드시 합격의 영광을 누리고 싶습니다.

— **송성원**(전업수험생)

다방면으로 수험생들을 챙겨주시는 분이자 어떻게 공부하면 좋을지 알려주시는 고마운 분입니다. 수험생마다 공부 환경이나 여건이 다 다른데도 1:1 맞춤형으로 상담을 받은 것처럼 느껴졌습니다. 공부를 하는 사람이라면, 수험생활의 길라잡이로 삼아도 될 것 같습니다.

— **이광명**(직장인 수험생)

공무원 시험을 준비하면서 수많은 선택의 순간에 후회 없는 선택을 하는 방법과 방향성을 알려주신 분입니다. 이 책에는 지난 1년간 저를 합격하는 수험으로 인도해준 모든 조언들이 요약되어 있습니다. 여러분의 불확실한 상황 속에서 압도적인 경험과 노하우를 바탕으로 확실한 이정표가 되어줄 것입니다.

— **허준승**(공무원 시험 국가7급 필기 합격자)

인터넷에 "내가 지금 할 수 없는 건 키즈 모델뿐이다"라는 말이 있다. 결국 중요한 건 시작이다. 생각만 하다 기회를 놓치지 말고, 준비된 사람에게만 오는 기회를 잡으라. 이 책을 읽으면, 마치 내 지난 수험생활을 지켜본 듯한 느낌을 받게 된다. 정답을 몰랐다면 정답을 아는 사람의 방법을 따라야 한다. 이형재 선생님을 더 일찍 만났더라면 긴 수험생활이 조금은 짧아지고, 덜 후회했을 것이다. 지금 선택의 기로에 선 사람이라면 이 책을 꼭 읽길 바란다.

— **진실**(수험생)

누구보다도 학생을 생각하고 합격을 위해 최선을 다하시는 최고의 선생님입니다!! 오카방도 운영해주셔서 문제와 함께 따뜻한 말씀까지 항상 마음이 따뜻해져요!! 그래서 이번에는 형재 선생님과 함께라면 교행직 면접 탈락의 아픔을 극복하고 내년에는 직렬 변경해서 최종 합격을 넘어 수석까지 가능할 것 같아요!!

— **허나현**(전업수험생)

학교랑 학원 숙제가 많아서 매일 시간이 부족한데, 소비성 시간을 잘 활용해야겠다고 느꼈다. 나는 앞으로 매일 등·하교 셔틀버스를 탈 때 영어 단어를 외워야겠다. 내가 가장 힘든 과목은 수학인데, 이 책을 읽어보니 더 많은 수학 문제를 풀어야겠다.

— **이소혜**(서울 리라초등학교)

이 책을 읽고 공부에는 타고난 능력보다 노력과 방법이 더 중요하다는 걸 느꼈다. 공부를 잘하는 사람들은 단순히 머리가 좋은 게 아니라, 자기에게 맞는 효율적인 방법을 찾은 것 같다. 나도 가끔 머리가 나빠서 공부를 못한다고 생각했는데, 그게 변명일 수도 있겠다는 생각이 들었다. 결국 꾸준히 노력하고 포기하지 않는 태도가 성적을 만든다는 말이 와닿았다. 앞으로는 능력 탓보다는 나만의 공부법을 찾아서 열심히 해보고 싶다.

— **정재이**(서울 신사중학교)

공부의 자세, 객관화 등 모든 것들이 담겨 있습니다. 단순히 공부에만 한정되는 것이 아니라 선생님 삶의 태도에 대한 이야기가 녹아 있어 수험뿐 아니라 삶의 자세에 대해 다시 생각해보게 만드는 책입니다.

— **황연묵**(군무원 행정7급 합격자)

선생님과 함께하면서 수험 내용만을 학습하기보다는, 시험 당일 살펴볼 마지막 한 장의 노트를 완성하는 여정을 함께할 수 있었습니다. 경주마와 같은 공부를 멈추고, 경쟁력을 고려한 매일의 일상을 지속한 것이 합격의 핵심이었습니다. 적막한 밤, 굽은 산길을 오르고 있는 이들에게 등불과 이정표가 되어줄 책. 수험생 및 직장인들 중에서 앞으로의 '방향성'을 찾고 싶으신 분들에게 추천합니다.

— **퓨페**(2023년 공무원 시험 합격생)

"공부, 어떻게 해야 하나요?"라고 묻는 학생들에게 해주고 싶은 이야기들이 한 권에 잘 정리되어 있다. 망설임 없이 건네줄 가장 실질적인 조언이 될 책.

— **허수정**(부산 사직여자고등학교 교사)

프롤로그

당신의 공부는
이미 결정되어 있다

공부를 잘하고 싶은가? 이미 책상에 앉을 때부터 당신의 당락이 거의 결정된 것이나 다름없다. 그러면 '노력할 필요가 없는 것 아닌가?' 하는 생각을 할 수 있다. 물론 그렇지 않다. 당신이 어떤 노력을 해야 하는지 알고 노력해야 한다.

내가 지금까지 공부법 강의를 하며 가장 많은 질문을 받았던 것이 바로 "공부는 재능이라고 생각하시나요, 노력이라고 생각하시나요?"이다. 이미 질문자 스스로 결론을 내고 질문한 경우도 많았다. 대부분은 '공부는 타고나는 것이다'라고 생각하는 듯해 보였다.

강연에서는 노력으로 극복할 수 있다고 말하지만, 사실 쉬운 일은 아니다. 재능에서부터 시작된 차이가 있다. 그저 열심히 하겠다는 마음만으로는 재능에서부터 차이가 난 갭을 메우기 쉽지 않다. 공부는 타고난 능력이라고 생각하게 된 이유도 아마 열심히 했는데 '차이가 메워지지 않으니 그렇게 마음먹게 된 것 아닐까?' 하는 생각이 들었다. 아무리 열심히 노력한들 내가 우사인 볼트보다 더 잘 달릴 가능성은 높지 않은 것과 마찬가지일 터이다.

나는 서울대학교 경제학부 재학 중 행정고시에 합격했고, 직장생활을 하며 미국회계사 시험, 국제 재무분석사CFA, 국제 재무위험관리사FRM, 공인중개사 등 여러 시험에 합격했다. 중고등학교를 포함해 약 30년간 공부를 손에서 놓지 않았고, 현재는 행정학 과목의 강의뿐 아니라, 중고등학교나 대학교에서 공부 방법 강연을 하며 학생들과 소통하고 있다. 특히 행정학 과목은 정부가 바뀔 때마다 개정되는 사항이 많아 끊임없는 공부가 필요하고, 전문 영역이라 내 이름을 걸고 행정학 책을 출간하는 것이 필요하여 출판사를 운영 중인 대표이기도 하다. 많은 학생들의 공부 고민을 덜어주고 싶어서 만든 공부법 관련 카카오톡 오픈 카톡방 운영자(현재 약 3,000명 이용 중)이기도 하며, 시험 공부법을 주제로 한 유튜브에서 다양한 콘텐츠를 제작하고 있다. 온라인에서도, 현장에서도 수많은 학생들을 직접 마주하고, 매일 학생들의 공부 방법을 상담하고 있다. 또한 국내 유명 출판사에서 꾸준히 관련 책을 출간해와서 이번 책이 다섯 번째 공부법 책이다. 공부법 관련해서는 최고 전문가라고 자부한다.

그럼 나는 처음부터 타고난 능력이 있었던 것일까? 그것은 단호히 아니라고 말할 수 있다. 나도 처음부터 공부를 잘한 것은 아니었다. 밑 빠진 독에 물을 부어보는 노력도 해보았고, 여러 공부법 책을 찾아보고, 공부를 잘하는 사람들은 어떻게 하는지 옆에서 살펴보며 좋은 방법을 찾아보기도 하였다. 열심히 공부하는 것도 중요하고, 다양한 암기법이나 시험 보는 방법을 아는 것도 시험 점수를 올리는 데 중요했다. 그렇게 차츰차츰 능력을 키워나갔다.

노력만큼 중요한 것은 내가 잘할 수 있는 영역을 선택하는 것이다. 우사인 볼트가 100미터 달리기는 잘해도 마라톤은 못하듯, 같은 공부라도 내가 잘하는 분야가 있다. 인간은 모든 것을 잘할 수 없기에 지금 정말 공부를 잘하는 것처럼 보이는 사람도 당장 내 눈에는 보이지 않는 수많은 결점이 있을 것이라 생각해도 된다. 즉, 내가 잘하는 것을 선택해야 내 능력을 크게 보이게 할 수 있다.

학원에서 강의하며 수백 명의 학생, 특히 시험을 얼마 앞두고 절박하게 공부하는 학생들을 상담하면서 알게 된 사실은 효율적인 공부 방법을 아는 것도 중요하지만, 효율적인 공부 방법의 뿌리에 영향을 주는 것들을 제대로 갖추어나가야 효율적인 공부 방법을 익힐 수 있다는 것이었다. 즉, 효율적인 공부 방법을 어떻게 받아들여 내가 잘 활용하느냐, 다시 말해 '녹여 쓰느냐'가 중요하다.

예를 들어 효율적인 공부법을 알려주어도 어떤 수험생은 이런저런 이유를 대며 이미 알고 있던 비효율적인 방법을 고집하는 경우도 보았고, 알려주지도 않았는데 이미 스스로 자신의 문제점을 찾고 알아서 효율적인 공부를 하는 경우도 보았다. 효율적인 공부 방법을 몰라서가 아니라, 성격과 같은 공부 외적인 요인이 공부를 비효율적으로 만든 것이다. 또한 아무리 효율적인 방법을 알아도 시간 관리를 잘하지 못해 제대로 공부하지 못하는 경우도 보았다. 공부를 잘하려면 그 공부를 할 기회가 주어져야 하고, 공부할 수 있는 환경이 갖추어져야 한다. 공부에는 당신의 능력뿐만 아니라 주변 사람, 운, 타이밍, 생활습관 등 다양한 요소가 당신이 공부를 잘하는 데 외적으로 영향을 준다.

이러한 여러 측면을 생각하지 못하고, 그저 결과가 좋지 않으면 나 자신의 타고난 능력 탓이라고 생각하며 신세를 한탄하는 경우가 많다. 정말 그런 것일까? 효율적인 공부 방법을 알려주어도 그 방법을 선택하지 않고, 자발적으로 어려운 길, 비효율적인 길을 간 후 능력 탓을 한다면, 이것은 정말 능력의 문제인가?

키도 내 마음대로 클 수 없듯이 공부 잘하는 것도 타고나는 부분이 있다. 그렇다고 해서 타고나는 사람들이 늘 시험에 합격하는 것도 아니다. 공부를 못했다가 잘하는 경우도 보았고, 서울대학교를 나왔지만 어느 순간 완전히 바보가 된 경우도 보았는데, 이런 경우는 어떻게 단순히 타고난 능력으로 치부할 수 있을까?

실제 상담 사례다.

A: 저는 능력이 안 돼서 공부를 잘 못하는 것 같습니다.

나: 공부하는 방법을 익히고, 열심히 노력하면 충분히 해낼 수 있습니다.

A: 제가 타고난 능력이 부족합니다.

나: 열심히 하시면 능력도 좋아집니다. 걱정 마세요.

A: 노력하는 것도 유전입니다. 노력하는 의지도 타고나야 해요.

이 A 상담자의 문제점은 무엇일까? 타고나는 부분을 100%라고 생각하는 것 자체가 문제다. 해보지도 않고 모든 것을 유전 탓을 한다면, 이 사람은 과연 좋은 결과를 얻을 수 있을까? 그리고 유전 탓을 하는 사람이 왜 굳이 상담을 신청했는지도 의문이다. 공부를 잘하는 데는 당연히 타고난 능력도 필요하고, 주변 환경도 중요하고, 얼마나 노력하느냐도 중요하며, 좋은 방법을 아는 것도 필요하다. 그런데 이 모든 것을 결정하는 데 가장 중요한 요소는 바로 '공부 잘하는 생각'이었다. 어떤 방식으로 생각하고 어떤 방식으로 상황에 '접근'하느냐가 공부를 잘하는 데 가장 큰 요인이었다.

생각과 태도가 중요하다는 것은 이미 많이 들어서 알 수 있고, 식상한 주제일 수도 있으며, 생각과 태도라는 말 자체가 추상적이다 보니 더욱 능력 탓으로 돌릴 수도 있다. 내가 무엇을 잘못했는지 정확히 인지하지 못하니, 잘못한 것이 없어 보이는데도 결과가 좋지 않아 그저 모든 것이 세상 탓이나 타고난 문제라고 생각하는 것이다.

공부를 시작하기 전 내가 시작하는 공부에 좋은 결과를 얻고 싶다면, 앞으로 언급하는 다섯 가지 요소를 내가 잘 갖추고 있는지 판단해보기를 바란다.

지금까지 30년간 미친 듯이 공부하고 상담한 나의 입장에서 볼 때 다음에서 언급하는 다섯 가지 요소 중 대부분은 충분히 바꿀 수 있는 문제들이었다. 실제 나와 상담한 이후 인생을 바꾼 경우도 많았다. 어떤 수험생은 몇 년간 공무원 시험에 합격하지 못하다가, 나와 함께 1년 공부한 이후 바로 시험에 합격했다. 이 사람이 타고난 능력 자체가 공부와는 거리가 먼 사람이었다면, 몇 년간 합격 못 한 시험을 어떻게 1년 만에 합격이라는 결과로 바꿀 수 있었겠는가?

상담하면서 드리는 말씀이 하나 있는데, 그것은 "아직은 포기하지 말자"이다. 분명히 바꿀 수 있기 때문이다. 이제부터 '공부 잘하는 생각'을 구체적으로 뜯어보려고 한다. 추상적인 생각이라는 부분을 구체화하여 다섯 가지 키워드로 정리했다. 늘 탈락하는 사람과 매번 합격하는 사람의 생각은 다섯 가지가 다른데, 그 부분을 고치지 않으면 계속 탈락하는 사람이 된다. 공부 상담 많이 하고 합격 많이 시켜본 선생님이 알려주는 현실적인 합격 조언! 시험 합격 인간을 만드는 다섯 가지 키워드를 통해 당신의 인생을 합격으로 만들기 바란다.

목차

이 책을 먼저 읽은 독자들의 찐 리뷰 · 6
프롤로그 │ 당신의 공부는 이미 결정되어 있다 · 10

첫 번째 키워드 ★ 선택

고민만 하는 사람은 지고, 결정하는 사람은 이긴다

선택은 하지 않을수록 좋다 · 25
언제나 좋은 선택을 할 수 없다 · 27 │ 선택에는 대가가 있다 · 28 │ 확실한 기준을 가져라 · 30

갈등하는 이유는 모두 얻고 싶어서다 · 32
선택을 할 때 유의사항 · 35

선택에 따라 효율은 10배 차이 · 37

매번 망하는 선택을 한다면 · 40
자기 객관화의 부족 · 42 │ 선택의 대가를 생각하지 않는 경우 · 43 │ 절대 바꾸지 않는 고집 · 45

후회 없는 선택을 만드는 최소 조건 · 48
좋은 기회는 하늘에서 떨어지지 않는다 · 49 │ 지금 가지고 있는 것을 가볍게 생각하지 말자 · 51 │ 유행은 유행일 뿐 장기적 관점에서 선택해라 · 52 │ 좋은 사람이 좋은 기회를 준다 · 54

두 번째 키워드 ★ 시간

합격하는 사람들만의 시간 활용법

하루 24시간을 같다고 생각하면 떨어진다 · 59

24시간을 시간의 성격에 따라 구분해라 · 62 | 공부 잘하는 사람들은 소비성 시간을 효율적으로 활용한다 · 68 | 공부 외 다른 모든 시간을 한가롭고 편안하게 사용해라 · 72

당신이 늘 시간이 부족한 이유 · 76

공부 편식 · 77 | '하는 둥 마는 둥'하는 공부 · 78 | 아웃풋 없는 공부 · 78 | 학자적 공부 · 79 | 시간을 절약하는 공부 방식도 있다 · 84

늦게 시작해도 이기는 사람들의 시간 공식 · 89

늦음보다 방향성에 집중하기 · 90 | 사실 한 번도 시행착오를 겪지 않은 사람은 없다 · 92

완벽한 계획보다 중요한 건 유연한 태도 · 94

경력의 안정을 기본으로 설정하라 · 95 | 딱 반보만 빠르게 결정하는 것이 필요하다 · 97 | 무엇이든 튀는 능력을 갖추는 공부가 필요하다 · 99

3장 세 번째 키워드 ★ 습관과 성향
습관과 성향에 맞는 공부법

습관과 성향은 내가 살아온 방식이다 · 105
공부 잘하는 서울대생의 공통적인 특징 · 107 | 공부를 잘하기 위해서는 어떤 습관이 필요할까? · 112

공부에 맞는 MBTI가 있을까? · 116
외향성-내향성 · 119 | 감각-직관 · 120 | 사고-감정 · 121 | 판단-인식 · 121

당하고 고칠래, 그냥 고칠래? · 123

의지력을 높이는 현실적인 방법 · 128
정확한 목표물이 있으면 빠르게 집중할 수 있다 · 131 | 예열을 통해 자신감을 높이자 · 132

잡념을 줄이는 방법 · 134
생활을 단순화하자 · 135

방법과 기술이 의욕을 만든다 · 140
공부 초반 조바심 내지 않기 · 142 | 중간부터는 성과를 내는 전략 활용하기 · 144 |
막판에는 남은 힘을 다해 반복해라 · 148 | 노력은 없어지지 않는다는 확신 · 149

떨어지는 사람과 합격하는 사람의 패턴 비교 · 151
'어떤 시험을 볼지' 의사결정을 하는 단계 · 152 | 공부를 시작하는 단계 · 157 |
공부가 익숙해지는 단계 · 161 | 시험 직전의 습관 · 164 | 시험을 본 이후의 행동 · 167

네 번째 키워드 ★ 기회

계속하는 사람에게 기회가 온다

내 평생 몇 번의 기회가 있을까? · 173

학교 입학, 큰 시험 합격, 떡상 등 계기가 생긴다 · 176 | 연락이 오지 않았던 사람들에게 연락이 온다 · 177 | 내가 몰랐던 나의 능력을 발견한다 · 178

왜 나만 기회가 적을까? · 180

기회는 기회를 낳지만, 잘못된 선택은 기회를 빼앗아간다 · 182 | 기회는 모든 사람에게 공정하게 주어지지 않는다 · 184

포기할 것은 빠르게 포기해라 · 187

포기 못 하는 사람의 특징 · 189 | 빠르게 포기하는 방법 · 190

기회는 '만드는 사람'에게 몰린다 · 194

필요하다고 느끼는 포인트 찾기 · 195 | 뾰족하게 만들기 · 196 | 노출하기 · 197

5장

다섯 번째 키워드 ★ 상황

나에 대한 객관화하기

능력이 중요할까, 상황이 중요할까? · 203
주어진 변수와 바꿀 수 있는 변수를 구분해라 · 205

현재 나의 상황을 객관적으로 파악하는 방법 · 208
자기 객관화를 못 하는 이유 · 209

운은 정말 중요하다 · 214
운과 시험 합격은 인과관계가 있을까? · 215 | 운에 흔들리지 않는 공부를 하는 방법 · 217 | 끝까지 운에 좌우되지는 않는다 · 218

주변 관계 대처 방법 · 219
주변 관계가 자꾸 무너지는 이유 · 221

당신을 괴롭히는 편견 · 226
사실 생각하기 나름이다 · 227 | 왜 나는 편견에 괴로워하는가? · 228

에필로그 | 공부하는 사람에게 필요한 현실 조언 · 231

1장

첫 번째 키워드 * 선택

고민만 하는 사람은 지고, 결정하는 사람은 이긴다

'선택의 과부하(choice overload)'라는 용어가 있다. 너무 광범위한 선택지는 오히려 사람들의 결정을 힘들게 하고, 다양한 선택지 가운데 최선을 선택해야만 한다는 기대를 만들어내다 보니 결국 더 큰 후회를 초래하고 잘못된 선택을 하게 된다는 것이다. 선택지가 많아진 시대, 할 수 있는 것도 많고 정보도 풍부하다. 그래서 더 선택이 어려워지고, 더 후회가 남을 수 있다. 그래서 중요한 것은 확실한 기준이다.

첫 번째 키워드 * 선택

선택은
하지 않을수록 좋다

"아, 다른 데 썼으면 합격했을 텐데 괜히 원서를 잘못 내서 탈락했습니다. 저는 운이 없나 봐요." 상담을 해보면, 선택을 잘못해서 1년 더 공부하거나 좋지 않은 결과를 얻는 경우가 꽤 있다. 인생은 태어남Birth과 죽음Death 사이의 선택Choice이라는 말이 있다. 그만큼 선택을 잘해야 한다. 공부를 할 때는 대학교 지원이나 취업을 할 때처럼 어떤 곳으로 할지를 정하는 큰 선택을 하게 되고, 그 밖에 학원 선택, 강사 선택, 책 선택 등 다양한 작은 선택을 하게 된다. 과연 고민을 많이 한다고 더 좋은 선택을 하는 경우가 많을까? 답은 'No'다. 우리가 선택을 할 때 가지고 있는 정보만으로는 딱 맞는 선택을 하는 것 자체가 어쩌면 불가능하다.

공무원 시험의 경우 원서를 접수할 때 큰 갈등을 하게 되는데, 원서 접수할 때마다 "어디 쓸까요?" 하고 물어보는 수험생들이 정말 많다. 예를 들어보자. A지역과 B지역 중 어느 곳으로 원서를 낼지 갈등하고 있다. A지역은 작년에 비해 선발 인원이 3배가 증가했지만, B지역은 선발 인원이 1/3로 줄었다. 원래 B지역을 지원하고 싶었지만, 선발 인원이 줄어서 고민이 된다. A지역이 더 많이 뽑으니 아무래도 커트라인이 내려가지 않을까 하는 생각이 들어서다. 그러면 A지역을 선택하는 것이 과연 유리한 선택일까?

결론은 그렇지 않았다. A지역은 커트라인이 95점이었고, B지역은 93점이었다. A지역과 B지역의 시험 문제는 동일했다. 왜 이런 일이 발생했을까? 그 이유는 많은 인원을 뽑는다고 지원자가 몰렸기 때문이다. 94점을 받은 그 수험생은 원래 원했던 B지역에 지원했으면 합격했을 터였다.

나는 지금까지 수십 번의 시험을 보았지만, 선택을 잘못해서 시험에 탈락한 적은 없다. 그렇다면 나는 어떻게 선택에서 실패가 없었을까? 우리가 선택을 할 때 알 수 있는 정보는 아주 제한적이다. 그러다 보니 어떤 선택을 하더라도 '하늘에 기도'를 해야 하는 일이 발생하는 것이다. 선택을 할 때 꼭 고려해야 하는 것이 있다.

언제나 좋은 선택을 할 수 없다

운에 맡겨야 하는 부분이 있다면, 언제나 좋은 선택을 하는 것은 불가능하다. 매번 복권 당첨이 될 수 없는 것과 마찬가지다. 공부를 잘 못하는 사람들과 상담을 해보면 많이 나오는 말 중 하나가 "저는 운이 참 없는 사람인 것 같습니다"이다. 대부분 운이 없다. 복권 당첨은 인생에 몇 번 일어날 수 있는 일이 아니라고 생각하는 것이 '공부 잘하는 생각'이다. 운이 따라줘서 합격을 하면 정말 행운아이고 그렇지 않으면 보통 사람인 것인데, 운이 따라주면 당연한 것이고 그렇지 않으면 난 불행한 사람이라고 생각하는 게 잘못된 것이다. 우리의 선택은 늘 틀릴 수 있다는 사실을 명심해라.

언제나 좋은 선택을 할 수 없다는 사실을 빨리 받아들이는 것은 선택을 빠르게 변경할 때 반드시 중요한 요소이다. 선택을 하다 보면 빠르게 바꾸어야 할 때도 있는데, 내가 한 선택을 잘못되지 않았다고 생각하는 경향 때문에 이를 받아들이지 못하고 바꾸어야 할 때를 놓친다. 나도 선택을 한 후 아니라고 생각되면 조금 손해가 생겨도 빠르게 바꾼다. 그렇게 하면 의외로 실패가 없고, 손해도 적다.

선택에는 대가가 있다

"다른 친구는 어떤 전공을 선택했는데, 요즘 그쪽 분야가 뜨는 산업이라 취업도 잘되고 부럽습니다." 내가 전공한 경제학의 경우, 취업 진로가 다양하다. 서울대 경제학부를 졸업한 내 친구들은 변호사, 판검사, 대기업, 공기업, 공무원, 대학교수, 벤처기업 대표 등 다양한 진로를 선택했다. 20년이 지난 지금 어떤 선택이 좋은 선택이었을까? 누구는 무엇을 해서 돈을 많이 벌었다고 하고, 누군가는 무엇을 해서 높은 자리에 올랐다고 한다. 그런 것에 흔들린다면 좋은 선택을 할 수 없다.

남의 운 좋은 일에 너무 군침을 흘리지 마라. 선택에는 늘 대가가 따른다. 내가 선택했다는 것은 다른 하나 이상을 놓쳤다고 생각하면 된다. 상대방도 마찬가지다. 상대방이 나와 다른 선택을 했다면, 그도 내가 선택한 것을 놓친 것이다. 인생은 한 번뿐이고, 모든 사람은 하나의 선택만 할 수 있다. 누구나 포기한 선택지는 존재한다. 선택을 잘하기 위해서는 놓친 것에 대한 미련을 버려야 한다.

나는 5급 공무원 시험(그 당시는 행정고시라 불림)을 준비했다. 어떤 사람들은 "사법시험을 준비하지 그랬냐?", "변호사가 돈을 더 많이 버는데 왜 굳이 공무원을 선택했느냐?"와 같은 질문을 하곤 했다. 선택을 할 때는 늘 얻는 것과 잃는 것이 있다는 사실을 안다면, 누가 어떤 질문을 해도 마음이 흔들리지 않는다. 내가 선택을 통해 잃을 수 있는 것을 명확하게 해두는 것이 중요하다. 만약 내가 공무원이라는 직업을 진로로 했다면, 당연히 변호사라는 직업보다는 금전적으로 적게 버는 직업이라는 것만 정확하게 인지하고 있으면 된다. 그 부분을 보완할 다른 방법을 찾으면 되기 때문이다.

선택에 따른 대가를 안다는 것은 정말 중요하다. 내가 얻는 것, 잃는 것을 알아야 이후의 선택에서 보다 현명한 선택을 할 수 있다.

확실한 기준을 가져라

'선택의 과부하choice overload'라는 용어가 있다. 너무 광범위한 선택지는 오히려 사람들의 결정을 힘들게 하고, 다양한 선택지 가운데 최선을 선택해야만 한다는 기대를 만들어내다 보니 결국 더 큰 후회를 초래하고 잘못된 선택을 하게 된다는 것이다. 선택지가 많아진 시대, 할 수 있는 것도 많고 정보도 풍부하다. 그래서 더 선택이 어려워지고, 더 후회가 남을 수 있다. 그래서 중요한 것은 확실한 기준이다.

나는 늘 선택을 할 때 3개의 법칙을 활용한다. 내가 선택을 통해 얻고 싶은 딱 세 가지만 정하는 것이다. 나는 어떤 시험을 볼지 결정할 때 딱 세 가지 중요한 가치를 정해서 선택한다. 그 외 나머지는 상관하지 않는다. 공무원 시험을 선택할 때도 딱 세 가지 얻고 싶은 것을 정해 결정했다.

① **가장 빠르게 합격할 수 있을 것**: 내가 공부한 것과 시험 과목이 가장 많이 겹쳐서 빠르게 합격할 수 있는 시험이 무엇인가?
② **나의 가치를 높여줄 수 있을 것**: 합격했을 때 대단하다는 말을 들을 정도여야 할 것
③ **병역 문제 해결**: 합격하면 장교로 복무가 가능한 시험

이 세 가지를 고려했고, 직업의 금전적 문제는 세 가지에서 제외되었으므로 상관하지 않았다. 정확한 우선순위를 가지고 버릴 것은 버리려는 생각을 하면 후회하지 않는 선택을 할 수 있다.

첫 번째 키워드 * 선택

갈등하는 이유는
모두 얻고 싶어서다

학생들과 향후 진로에 대한 상담을 하는 경우가 많다. '어떤 직업을 선택해야 할까요?', '어디에 원서를 내야 할까요?', '이 시험 공부를 해야 할까요, 말아야 할까요?'와 같은 선택에 대한 것들이다. 상담을 하면서 능력에 비해 원하는 것이 많다 보니 선택을 못 하는 것임을 알게 되었다.

예를 들어보자. A씨는 공무원 시험을 준비 중이다. 자신이 가고 싶지만 커트라인이 높은 1지역과 커트라인은 낮지만 가고 싶지 않은 2지역 중 어디로 원서를 낼지 고민 중이다. 합격을 하기에는 2지역이 좋지만 1지역을 더 가고 싶은 상황에서 조금 어려워도(합격 확률 낮음) 1지역을 선택할까, 아니면 조금 안전하게 가기 싫은 2지역을 선택할까를 고민하는 것이다. 그런데 이 사람은 진정 갈등하고 있을까? 아니다. 이미 선택은 1지역이고, 이를 어떻게 하면 쉽게 얻을 수 있을까를 고민하는 것이다.

커트라인이 낮은 지역이 당연히 합격할 확률이 높다. 따라서 합격만을 놓고 본다면, 2지역으로 선택하는 것이 좋다. 하지만 그 선택을 하기 싫으니 고민을 하는 것이다. 애초에 빨리 합격하고 싶은 사람이라면 갈등 없이 2지역을 선택한다. 합격하는 것이 더 중요한 사람들은 전혀 갈등하지 않고 2지역을 선택한다. 나와 상담하는 경우도 없다. 그러면 갈등하는 사람은 왜 선택을 못 하는 것일까? 내가 하고 싶은 것을 선택했을 때(위 사례에서 1지역) 그것을 얻지 못할까 봐 고민이 되기 때문에 선택을 못 하는 것이다. 즉, 갈등하는 사람은 합격 확률도 높이면서 자신이 원하는 지역을 가고 싶은 것이다. 둘 다 얻고 싶어서 '갈등하는 척'하는 것이지, 절대 둘 중 하나의 선택을 두고 갈등하는 것이 아니다. 그래서 나는 "하고 싶은 것을 선택하세요. 빨리 선택하시고 공부하세요"라고 답변한다.

두 가지 선택지 중 갈등한다는 것은 내가 어떤 것도 포기하고 싶지 않아서다. 포기할 것을 정확하게 안다면 갈등할 일이 없다. 위 사례에서 포기하고 싶지 않아서 갈등하는 것이다. 모두 포기하고 싶지 않다면 갈등하는 척하지 마라. 둘 중 하나를 선택할 각오를 하는 것이 현실적으로 현명하다.

① 모두 잃을 위험을 각오하고서라도 모두 얻기 위해 노력해볼 것인가?
② 적당한 선에서 타협할 것인가?

나는 이 둘 중 어떤 선택을 했을까? 나는 주로 ①번을 선택했다. 나는 시험을 치를 때 원서 접수 첫날 접수를 하고 돌아와서 공부했다. 갈등하지 않고 내가 하고 싶은 것을 선택했다. 물론 그 선택지가 나에게 달성하기 버거운 경우도 있었다. 그것을 알아도 선택했다. 모든 것을 얻기 위해 모두 잃을 각오로 노력했다.

다른 사람과 다른 점이 있다면, 나의 선택이 옳음을 증명할 수 있는 방법을 찾으려고 더 많은 노력을 했다. 대학 입시 공부를 하던 시절, 어느 대학을 지원할지 고민하고 있었다. 그 당시 내가 수능 점수로만 보았을 때 지원 가능했던 수준은 서울대학교 인기가 다소 낮은 학과와 연세대와 고려대학교 적당한 정도의 학과였다. 이 정도 점수라면 대부분 눈치작전을 할 것이다. 다소 경쟁률 낮은 학과가 어디인지 실시간으로 살펴보며, 어떻게든 조금 더 경쟁률이 낮은 학과를 지원하려고 할 것이다. 나는 첫날 원서 접수를 하고 돌아왔다. 서울대학교와 연세대학교에서 가고 싶은 과를 지원하고 왔다. 당연히 내 수능 점수보다는 다소 높은 지원이었다. '모두 잃을 위험을 각오하고서라도 모두 얻기 위해 노력해보는 선택'을 한 것이다. 일찍 원서를 내고 돌아와서 이 선택을 어떻게 달성할 수 있을까를 고민한다. 다소 높은 지원을 하는 이유는 수능 외 다른 부분, 즉 내신, 면접, 논술에서 충분히 역전할 수 있다고 판단했기 때문이다.

선택을 할 때 유의사항

① 지금 바꿀 수 없는 것이면 나의 동기를 올리는 선택을 해라.
② 그 선택이 성공하기 위해 내가 해야 할 것을 리스트로 만들어라.
③ 선택 이후에는 후회 없이 달려라.

내신 성적은 좋았기 때문에 나머지 면접과 논술 점수를 어떻게 높일 수 있을까를 연구했다. 그 당시 지방에서 논술 공부하기란 쉬운 일이 아니었다. 인터넷이 크게 발달하지 않았던 시기라 인터넷으로 정보를 찾기가 어려웠고, 논술을 강의하는 선생님도 많지 않아 혼자 공부해야 했다. 최대한 모을 수 있는 자료를 다 모아서 나에게 필요한 내용을 추린 후 여러 번 적어보는 연습을 했다. 수능 공부할 때보다 더 열심히 준비해서 '최대한 내 선택이 옳음을 증명'하려는 노력을 했다.

아마 이렇게 선택을 하면, 실패하면 어쩌나 하는 의문을 가질 수 있을 것이다.

내가 원하는 것에만 집중하는 선택을 하면, 후회 없이 공부를 할 수 있고, 꼭 원하는 목표를 달성하지 않아도 실력이 많이 올라간다. 늘 원하는 선택 앞에서 최선의 노력을 하는 시간을 가지면 정말 많은 것을 얻을 수 있다.

첫 번째 키워드 * 선택

선택에 따라 효율은 10배 차이

"야간자율학습을 하는 내내 집중이 되지 않습니다."

내가 공부법으로 강연을 다닐 때 가장 많이 받는 질문 중 하나다. 집중력, 몰입력은 어디서 오는 것일까? 내 주변에 공부 잘하는 친구들을 보면 몰입력이 높다. 공부머신이라 불리던 친구도, 몇 시간 동안 화장실도 가지 않고 공부하는 친구도 있었고, 하루 15시간씩 1년 내내 공부하는 친구도 있었다. 그런 친구들의 공통점은 선택을 할 때 자신의 주관을 100% 담아 결정하고, 그 선택을 믿고 갈등 없이 추진한다는 점이다.

반면 강연을 다니면서 집중하기 어렵다는 친구들과 상담을 해보면, 많은 경우(다른 이유로 집중력이 흐트러지는 경우도 있지만)

내가 원하는 선택을 하지 않고 공부를 시작했다는 점이다.

① 가족이나 지인이 추천해서 공부를 시작하는 경우
② 다들 좋다고 하니(뉴스 등) 나도 해볼까 해서 시작하는 경우
③ 원래 마음에 들지 않는데, 타협점으로 이 선택을 하는 경우

위 경우에 해당한다면 당신의 집중력은 진정으로 원해서 선택한 사람의 집중력보다 50% 정도는 부족한 상태에서 공부를 시작한다고 생각하면 되겠다.

야간자율학습 내내 집중이 되지 않는다는 학생의 사례로 돌아와 보자.

나: 왜 집중이 잘 안 되시나요?
학생: 자율학습을 하려고 앉으면 핸드폰으로 쇼츠 영상 보고, 멍 때리고 그렇게 시간을 보냅니다.
나: 얼마나요?
학생: 2~3시간 정도?
나: 핸드폰을 거두어 가면 집중해서 공부할 것 같나요?
학생: …(대답을 못 함)

나: 단순히 핸드폰 때문이 아닙니다. 2~3시간 공부하지 못했다는 것은 이미 동기부여가 되지 않았다는 의미입니다. 집중력의 문제가 아니라 방향성 자체를 고민해보아야 합니다.

공부에 대한 의지가 있어야 집중하게 되고, 공부의 의지는 선택이 결정하는 경우가 많다.

나의 의견을 풍부하게 담는 선택을 하는 방법은 다음과 같다. 꼭 기억하길 바란다.

① 하고 싶은 것을 가져라.
② 하고 싶은 것을 모르겠다면, 가장 별로인 선택지를 임시적으로 선택해보라.
③ 시간을 낭비하고 있다면, 의욕이 생기지 않는다면 당신의 선택을 의심해라.

첫 번째 키워드 * 선택

매번
망하는 선택을 한다면

특강에서 1:1 상담을 했을 때의 일이다.

A: 저는 경영학과 학생인데, 꿈은 뮤지컬 배우입니다. 어떻게 하면 좋을까요?

나: 왜 경영학과를 선택하셨을까요?

A: 부모님이 회계사여서 관련 전공으로 선택하게 되었습니다.

나: 이제부터 뮤지컬 배우를 하고 싶으신 건가요?

A: 네.

무슨 말을 해주어야 할지 딱히 떠오르지 않았다. 인생에서 이미 뮤지컬 배우와는 너무 다른 선택을 해온 사람에게 지금부터 어떤 방식으로 시작해야 할지, 정말 그 진로가 맞는 것인지 상담해주기가 어려웠다. 나는 "선택을 바꾸려면 부모님의 반대와 같은 많은 희생이 따라야 합니다. 그 희생을 감내하더라도 바꿀 만큼의 간절함과 뮤지컬 배우를 하고 싶은 마음이 있는지부터 생각해보세요"라고 답변했다.

선택은 한 번이 아니다. 하나의 선택은 내가 살아가면서 한 여러 선택의 일부다. 뮤지컬 배우가 되는 선택을 하려면 이전부터 꾸준히 그쪽과 관련된 선택을 했어야 하고, 그렇지 않았다면 지금부터라도 그쪽과 관련된 선택을 계속해야 한다. 물론 일찍 선택한 사람보다 불리한 위치에서 말이다. 실제 선택을 급격하게 바꾸기란 쉽지 않다. 그 진로를 선택하지 않음에 따라 대가를 크게 치러야 하기 때문이다. 하지만 사람들은 그 대가를 생각하지 않고, 왜 진로를 바꾼 후 '이만큼 노력했는데' 결과는 요 모양일까 한탄한다. 그러다가 점점 지치고 선택의 후회를 하게 된다.

하나의 선택을 하려면 고려해야 할 사항이 있다.

① 내가 한 이전의 선택들은 무엇인가? ➜ 현재 나의 모습을 결정한다.

② 앞으로 하는 선택에는 어떤 대가가 따를까? ➜ 좋은 선택을 하는 데 결정

적인 영향을 준다.

③ 선택한 것들을 제대로 평가할 수 있는가? → 미래에 좋은 선택을 할 수 있을지를 결정한다.

만약 내가 실패하는 선택을 많이 한다면, 이 세 가지 중에 어떤 문제가 있었을 수 있다. 이 세 가지를 기준으로, 망하는 선택을 하는 이유를 살펴보자.

자기 객관화의 부족

"저는 직장에 다니며 시험을 준비하고 있습니다. 시간이 없지만, 공부는 꼼꼼하게 하고 싶습니다. 그래서 가장 어려운 과정까지 모두 듣고 싶은데 어떻게 해야 하나요?"

이런 질문에는 대답을 해주기가 어렵다. 애초에 잘못에 선택 기준들이 포함되어 있기 때문이다. 직장이라는 이전의 선택이 나의 현재 모습을 결정했다. 그래서 그만큼 공부 시간이 부족해졌다. 하지만 그 이전의 선택은 생각하지 않고, 시간이 많이 들어가는 어려운 과정까지 모두 수강하고 싶다고 한다. 상담을 해주는 입장에서 만약 매출을 높이기 위해서는 무조건 많은 과정의 결제를 유도할 수도 있겠지만, 이것은 현실적으로 좋은 조언이 아니다. "지금 직장을 병행해서 공부하고 싶다면, 최대한 공부 시간을 줄여서 하는 '선택'을 하셔야 합니다"라고 조언한다. 그런데 이렇게 조언하면 의외로 이 조언을 받아들이는 경우가 많지 않다.

대부분이 "저는 이번에 반드시 합격해야 해서 꼼꼼하게 공부해야 한다고 생각합니다"라고 반응한다. 이것은 내가 필요한 것(이번에 반드시 합격)은 정확하게 알지만, 나의 이전의 선택(직장을 다니고 있어 시간이 부족한 현실)을 고려하지 못한 것이다. 자기 객관화가 부족한 상태에서 선택을 한다면 잘못된 선택을 할 가능성이 커진다.

어떤 선택을 할 때는 내가 하고 싶은 것보다 내 제약조건을 먼저 확인하는 것이 필요하다.

선택의 대가를 생각하지 않는 경우

부모·친구·교수의 권유에 따라 선택하는 경우 나와 맞지 않거나, 실제 생각했던 것과 달라 후회하고 진로를 바꾸는 경우가 있다. 주변인들이 좋다고 하니까 좋다고 생각해서 선택한 것인데, 이는 좋은 측면만 보고 나쁜 측면은 보지 않아서 생긴 문제다. 즉, 선택이 어떤 대가를 치르게 하는지에 대한 생각은 하지 않은 것이다.

실제 어떤 시험에 관심이 가서 학원에 상담을 받으러 갔다고 해보자. 학원에서 만난 직원 또는 강사는 절대 당신에게 나쁜 점을 말하지 않는다. 나쁜 점을 말했다가 선택을 하지 않으면 그만큼 벌 수 있는 매출이 줄어들기 때문이다. 그래서 좋은 점 위주로 이야기한다. 실제 "○○시험 합격하시면 진짜 좋아요"라고 하며 시험 볼 것을 적극적으로 권유하며 다녔던 모 강사가 있었는데, 몇 년 후 그 강사에게 속았다고 하는 후기를 들을 수 있었다. 하지만 몇 년이 지난 시점에 강의나 책을 환불받을 수는 없다. 주변의 조언도 마찬가지다. 친구든 부모든 그들은 직접 공부하는 사람이 아니다. 공부함에 따른 힘든 부분은 온전히 선택한 사람이 감당해야 하는 대가다. 그렇기에 주변인들은 선택을 권유할 때 대가에 대한 부분을 크게 고려하지 않는다. 대가는 온전히 내가 고려해야 하는 요소라는 사실을 명심하고 선택해야 한다.

절대 바꾸지 않는 고집

선택은 한 번으로 끝나지 않는다. 어떤 시험을 준비할지 결정했다고 해도, 이후 어떻게 공부할 것인지, 어느 학원을 다닐 것인지, 어떤 책을 볼 것인지, 오늘 아침에 일찍 일어날 것인지 아니면 좀 더 잘 것인지 등 작은 선택이 이어진다. 여러 선택을 하다 보면, 기존의 선택을 바꾸어야 하는 상황이 생기기도 한다. 작게는 하루 100페이지를 보기로 했지만 선택한 책이 어려워 그보다 적은 양을 보게 될 수도 있으며, 심지어 진로를 바꾸는 선택을 해야 할 수도 있다.

매몰 비용이라 말이 있다. 의사결정을 하여 지출한 비용 중 회수할 수 없는 비용이다. 이 비용을 얼마나 빠르게 인식하느냐가 공부 잘하는 사람과 못하는 사람의 차이를 만든다.

공부 잘하는 사람은 지금까지 투자한 시간과 노력에 관계없이 아니다 싶으면 빠르게 포기한다. 그런 판단력 덕분인지, 선택에 따른 손해가 크지 않은 편이다. 반면 공부 못하는 사람은 아니라고 생각하면서도 굳이 선택을 바꾸지 않는다. 못 한다는 표현이 더 맞을지도 모른다. 지금까지 투자한 시간과 노력, 돈이 아까워서, 내 선택이 틀렸다는 것을 인정하기 싫어서 더 바보 같은 이후의 선택을 연속적으로 한다.

실제로 공무원 시험을 준비할 때 이런 경우가 많이 보인다. 공무원 시험의 성격상 1년 이상 책상에 앉아 공부해야 한다. 그런 현실을 모르고 별생각 없이 진입했다가 자신의 적성과 맞지 않다는 것을 알게 되는 경우가 있다. 하지만 이미 1~2개월 공부를 했다면 책과 학원비로 이미 100만 원 이상은 썼을 것이다(초기에 들어가는 비용이 크다). 그 비용을 포기하고 다른 진로를 알아볼 것인가, 아니면 일단 해볼 것인가에 대한 선택을 해야 한다.

적성이 맞지 않다는 것을 알게 되었을 때 어떻게 대처할까?

① **공부를 가장 잘하는 사람**: 하고자 하는 목표였다면 자신의 적성과 무관하게 학습에 최적화된 방법으로 자신의 생활을 바꾼다.
② **공부를 좀 할 줄 아는 사람**: 아니다 싶으면 바로 포기한다. 자신의 적성에 맞는 공부를 찾아본다.
③ **공부를 못하는 사람**: 투여한 비용이 아까워서 일단 1년은 해보자고 생각한다. 계속 고민을 하며 공부를 하지만, 공부 방식을 바꾸지는 못해 결과가 좋지 않다.

무엇인가 자신과 맞지 않은 선택을 했다고 느낀다면 그 선택에 나를 맞추거나, 아니면 그만두어야 한다. 대부분 공부를 못하는 사람은 선택에 나를 맞추지도, 그만두지도 않는다. 그저 매몰 비용이 아쉬워서 어영부영 공부하다 시간만 보내고 더 큰 비용을 낭비하게 된다.

첫 번째 키워드 * 선택

후회 없는 선택을 만드는 최소 조건

'과거의 내 선택은 옳은 선택이었을까?' '후회 없이 선택할 수는 없을까?'

싫든 좋든 우리는 많은 선택을 해왔고, 시간이 지나면 나름의 평가를 하게 된다. 나에게도 한 번씩 물어본다. "이 시험은 왜 준비하셨어요?", "왜 공무원을 그만두고 학원 강사를 하세요?", "선택을 후회하지 않으시나요?"와 같은 질문들이다. 미래를 완벽히 예측할 수 없기에 모든 선택이 최선이기는 어렵다. 그래서 내 선택이 늘 최고의 선택이 될 것이라 기대하지는 않는다. 하지만 선택을 하면서 땅을 치고 후회한 적은 거의 없었다.

현재 선택한 작가와 강사의 길도 만족하고 있다. 13년 3개월간의 공무원 생활로 유추해보았을 때 만약 계속 공무원을 했다면, 공무원으로서 나름대로 보람되게 일하지 않았을까 생각한다. 지금까지 여러 자격증 시험을 공부하며 많은 선택을 했는데, 다음에 언급하는 내용만 명심하며 선택을 하니 최소한 후회하지 않는 선택은 할 수 있었다.

좋은 기회는 하늘에서 떨어지지 않는다

"왜 이렇게 많은 자격증 시험을 공부하셨어요?"라고 질문하는 사람들이 있다. 나는 직장생활을 하며 미국회계사 시험, 국제 재무분석사CFA, 국제 재무위험관리사FRM, 공인중개사 등에 합격했다. 물론 처음부터 많은 자격증 시험에 도전하려고 했던 것은 아니다. 공무원은 업무 성격상 다양한 일을 하다 보니 전문성이 부족했고, 그 전문성을 보완하기 위해 다양한 자격증을 취득하려고 한 것이다. 그런데 자격증 몇 개를 땄다고 해서 당장 나의 전문성이 크게 높아지는 것은 아니었다. 자격증도 중요하지만, 그 자격증과 관련된 업무 경력이 부족했기 때문이다. 또한 내가 가고 싶은 분야에 인맥이 있어야 했다.

"자격증 많이 따서 실제 커리어에 도움이 되셨나요?"라고 묻는데, 솔직히 크게 도움이 되지는 않았다. 자격증을 땄지만 관련 경험이 부족했기에 기회가 오지는 않았다. 그래서 계속 여러 분야의 자격증을 땄다. 여러 분야를 공부하다 보니 오히려 기회가 온 곳은 '공부법 분야'였다. '이렇게 다양한 자격증을 어떻게 땄어요?'에 대한 책을 써달라는 것이다. 결국 자격증 그 자체로는 기회가 오지 않았고, 자격증을 따게 된 과정이 경험이 되어 그와 관련된 공부법 분야에서 기회가 찾아오게 된 것이다.

학원 강사를 하게 된 것도 공부법 책을 내고 이름을 알리게 되고, 학습과 관련된 이런저런 영상이 유튜브에 돌게 되자 관심을 보이게 된 것이다. 여기서 하나 더 작용하는 것이 있다. 그 분야에 얼마나 아는 사람이 있는가이다. 책을 쓰게 된 것도, 강사를 하게 된 것도 물론 공부법과 관련된 의도치 않게 쌓인 전문성 덕분이기도 하지만, 아는 사람이 있었기 때문이다. 대학에서 알게 된 선배가 교육회사 대표였고, 자주는 아니지만 편하게 연락하던 사이였던 것이 작용했다. 아무래도 오래된 관계다 보니 서로 신뢰가 형성되었고, 신뢰가 형성된 만큼 기회를 얻는 것도 용이한 것이었다.

결국 기회는 나의 능력과 경험, 그리고 그 분야에서 내가 알고 있는 사람(인맥)이 합쳐져 만드는 것이다. 조금의 능력이 있고, 인맥이 있다고 다 잘되는 것은 아니다. 업계에 일하는 사람들이 보았을 때 나의 능력과 경험이 충분히 매력적이어야 한다. 지금 나에게 주어진 선택지 중 마땅한 것이 없다고 생각된다면, 이 세 가지 중 부족한 것이 있을 가능성이 높다.

지금 가지고 있는 것을 가볍게 생각하지 말자

"인수인계를 제대로 안 해줘서 기분이 나빠 공무원을 그만두었습니다. 이제 와서 보니 조금 후회가 되네요."

한때 암호화폐 가치 급등, 부동산 경기 호황으로 수억 원씩 버는 모습을 보며, 월 200만~300만 원 버는 공무원이라는 직업을 굳이 오랜 기간 할 필요가 있나 하는 생각에 조금만 기분이 나쁘거나 아니다 싶으면 그만두는 경우를 보았다. 아마 지금 와서는 크게 후회를 하는 사람들이 많을 것이다. 주변 사람들로부터 공무원을 그만두고 다른 일을 하고 싶다는 연락이 오면, 나는 그만두는 것을 99% 정도로 만류하고 있다. 왜냐하면 공무원이라는 직업이 박봉이라는 이유로 가볍게 생각하는데, 안정적인 수입이 지속적으로 들어오는 부분을 너무 가볍게 생각한 것이기 때문이다.

    절대 자신이 현재 가지고 있는 장점들을 가볍게 생각하면 안 된다. 선택을 할 때 지금 가지고 있는 장점을 가볍게 여기고 결정한 이후, 그 장점을 잃고 나서 후회하는 경우를 많이 보았다. 만약 새로운 선택을 하려고 한다면, 지금 가지고 있는 것들의 장점을 모두 나열해보고 새로운 선택으로 이것들을 얼마나 잃을 수 있는지, 그것이 나에게 얼마나 소중한지를 생각해본 후 결정하기 바란다. 현재 가지고 있는 것들의 장점을 최대한 누린 후 새로운 선택을 하는 것을 추천한다.

유행은 유행일 뿐 장기적 관점에서 선택해라

2010년대 초반에는 욜로YOLO: You Only Live Once(현재의 행복을 중요하게 여기는 생활방식)가 유행했고, 중반 이후에는 유튜버와 코딩 배우기 등이 유행했다. 2020년부터는 변호사·약사·세무사 등 전문직 열풍이었지만, 지금은 전문직도 그렇게 상황이 좋은 편은 아니다. 나는 2010년대 초반 욜로족이 유행할 때, 해외여행을 다니지 않았다. 그때 자격증 공부에 집중하고 있었고, 남은 돈은 저축을 했다. 저축을 해서 2010년대 중반 이후에는 부동

산 투자에 관심을 가졌다(공인중개사도 그 당시 취득). 내 인생 계획대로 가면 되는 것이고, 유행은 참고만 하면 된다.

실제로 공무원을 그만두고 유튜버를 시작한 사람들이 있는데, 나는 성공 여부를 떠나서 반대한다. 유튜버는 누가 봐도 단기적 유행이지만, 공무원이라는 직업은 60세까지 보장을 받는 장기적인 직업이다. 장기적인 기회와 단기적인 유행을 교환한다는 것 자체가 난센스다. 그리고 유튜버도 겸직 허가를 받으면 공무원 신분으로 못 하는 일도 아닌데, 굳이 그만두고 한다는 것 자체가 장기적 관점을 생각하지 못한 의사결정이다. 단기적 유행을 좇으면 후회하는 선택을 할 가능성이 높다.

유행은 바다의 파도와 같다. 바다를 바라보면 파도만 보이지만, 사실 파도는 바다의 아주 얕은 부분의 일부일 뿐이다. 심해의 영역이 훨씬 많다. 유행은 당신의 큰 인생의 얕은, 또 보이는 부분일 뿐 절대 심해의 영역까지 바꿀 수 있는 것은 아니다. 심해의 영역인 전체적인 인생 계획을 세우고 선택하는 것이 후회를 줄인다.

좋은 사람이 좋은 기회를 준다

처음 행정고시에 관심을 가지게 된 것은 대학교에서 만난 친구 덕분이다. 고등학생 때는 행정고시라는 것이 있는 줄도 몰랐다. 대학교에서 만난 친한 친구가 행정고시를 공부한다기에 관심을 가지게 되었다. 친구 따라 강남 가게 된 것이다. 열심히 자기계발하는 주변 사람들에게 자극을 받고 나 또한 새로운 것을 알게 된다. 위에서 언급한 것처럼 강사 제안을 받게 된 것도 대학에서 만난 아는 선배가 있었기 때문이다. 이 선배는 그렇게 친한 사이는 아니었다. 수업에서 만나서 서로 어느 정도 아는 사이였지만, 나에게 기회를 준 것이다.

좋은 기회를 얻으려면 좋은 사람이 주변에 있어야 한다. 좋은 사람이 주변에 있으려면 기회를 줄 능력이 있는 사람이 많이 모이는 곳에 들어갈 능력이 있어야 하며, 이들이 나와 오래 인연을 맺을 가치가 있도록 행동해야 한다. 사기꾼 주변에 진실되고, 좋은 기회를 주는 사람이 있을 리 없다. 나는 당장의 이익보다는 기회를 주는 사람을 높게 평가하고, 절대 주변 사람들에게 거짓말하지 않는다. 거짓말은 결국 들통이 나게 된다.

2장

두 번째 키워드 * 시간

합격하는 사람들만의 시간 활용법

누구나 매일 공부가 잘되는 것은 아니다. 어떤 날은 정말 아침부터 어깨도 뻐근하고 머리도 무겁고 기분도 안 좋은 것이 하루 종일 효율이 안 나기도 한다. 그런 날에는 '앉아서 버틸 바에야 하루 시원하게 쉬는 게 낫지 않을까?' 하는 생각이 든다. 모든 수험생이 여기까지는 비슷하다. 하지만 이후의 선택은 다르다.

두 번째 키워드 ★ 시간

하루 24시간을 같다고 생각하면 떨어진다

공부 잘하는 사람은 하루가 48시간일까? 당연히 아니다. 모두에게 주어진 시간은 24시간이다. 그렇다면 잠을 적게 자는 것일까? 그렇지 않다. 의사들은 적어도 7시간의 수면 시간을 추천하고, 수면을 줄여 공부하는 것은 머릿속에 잘 들어오지 않고 피로만 쌓이게 된다고 한다.

그렇다면 공부를 잘하는 사람들은 어떻게 시간을 관리할까?

중학교, 고등학교, 대학교를 거쳐 직장인이 되어 공부하기까지 많은 시간을 공부하면서 깨달은 것은 '오래 공부한다고 반드시 좋은 결과를 가져오는 것은 아니라는 사실'이었다. 나는 공부든 일이든 오래 하지 않는다. 왜냐하면 오래 한다고 해서 반드시 좋은 성과물이 나오지 않기 때문이다. 독서실에서 10시간 앉아있는다고 해서 공부를 많이 하지 않듯, 집중력 있게 얼마나 공부하느냐가 더욱 중요하다.

실제 9급 공무원 시험을 준비하면서 15시간을 공부하는 수험생과 상담을 한 적이 있다. 하루 15시간을 공부하는 수험생의 일과는 대략 아래와 같았다.

새벽 5시 기상 → 오전 6시 독서실 도착 → 오전 7시 반~8시 반 새벽 강의 듣기 → 오전 9시~오후 1시 오전 강의 듣기 → 오후 1시 점심 식사 → 오후 2시~6시 오후 강의 듣기 → 오후 6시 저녁 식사 → 오후 7시~11시 강의 들은 것 복습하기

이런 일과를 주 6일 동안 지속하고 있었다. 그러면 한 주 90시간이라는 엄청난 양의 공부를 하고 있었던 것이다! 과연 공부 효율은 어땠을까?

나: 그렇게 공부하시면 집중은 잘되시나요? 제 수업 들을 때 어떤 상태로 들으세요? (참고로 그분은 내 수업을 오전 9시부터 오후 1시까지 듣고 있었다.)

학생: 몽롱한 상태에서 들어요.

그렇다. 15시간을 공부하는데 몽롱하지 않을 수 없는 것이다.

나: 왜 이렇게 수업을 많이 들으세요?
학생: 불안하기도 하고, 다 안 들으면 뒤처지는 것 같고, 학원에서도 수업을 추천해서 다 꾸역꾸역 듣고 있습니다.

과연 이 수험생의 합격 확률은 높아질까? 그렇지 않다. 합격 수기를 분석해보면, 하루 5~6시간을 공부하고 합격하는 경우도 있는 반면, 하루 10시간씩 공부하고도 점수가 오르지 않아 고민하는 수험생도 있다. 같은 1시간이 아닌 것이다. 단위시간 내 어떤 방식으로 시간을 활용하느냐가 중요하다.

모든 사람이 시간을 효율적으로 활용하라고 하는데 도대체 어떻게 하는 것이 효율적으로 활용하는 것일까? 어렵고 복잡한 방법보다 다음 시간을 효율적으로 활용하기 위한 두 가지 기준만 잘 기억해도 시간 활용 효율이 확 올라간다.

24시간을 시간의 성격에 따라 구분해라

투자성 시간과 소비성 시간에 대한 명확한 개념이 있어야 내 인생의 낭비가 없다. 모든 시간을 평가할 때 내가 쓰는 시간이 투자성 시간인지, 소비성 시간인지를 파악하는 습관을 만드는 것이 중요하다. 내 미래에 도움이 되지 않는 시간은 소비성 시간이고, 나에게 도움이 되는 시간은 투자성 시간이다.

- **투자성 시간**: 잠을 자는 시간, 운동하는 시간
- **소비성 시간**: 감정 소모, 집중력 없이 앉아있는 시간, 이동하는 시간

수험 상담을 할 때 많이 물어보는 질문 중 하나가 "낮잠을 자도 되나요?"이다. 한 시간 낮잠이 '쉬는 시간break'보다 암기 유지long-term retention에 효과적이고 인지 능력을 향상시킨다는 연구 결과는 무수히 많다(Cousins, J. et al., 2018, 〈The long-term memory benefits of a daytime nap compared with cramming〉; Lovato, N., & Lack, L., 2010, 〈The effects of napping on cognitive functioning〉 등).

그런데 이를 잘 모르는 수험생들은 꼭 낮잠을 자면 게으른 사람이 된 것처럼 죄책감을 느끼는 경우가 많았다. 낮잠의 효과에 대한 구체적인 연구 결과를 몰랐다고 해도 소비성 시간과

투자성 시간을 구분하는 능력은 반드시 필요하다. 잠은 투자성 시간이다. 잠을 자고 나면 체력이 회복되기 때문이다. 나는 그래서 피로할 때 잠을 자는 것에 대한 거부감은 없었다.

반대로 이런 일이 있었다고 해보자. 독서실에서 마음에 드는 이성이 생겨 말을 걸까 말까 고민한다. 일주일간 고민하다 말을 걸어본다. "제가 과일을 많이 가져와서 그러는데 드실래요?" 하면서 통에 담긴 과일을 건넨다. '상대방은 과일 통을 돌려줄까? 돌려줄 때 핸드폰 번호 물어봐도 될까? 안 돌려주면 어쩌지?'와 같은 생각을 하며 하루를 보낸다.

그 이성과 잘되든 그렇지 않든 이 시간은 모두 낭비된 시간이다. 공부에 도움이 되지 않는 소비성 시간이라고 보면 된다. 이런 시간은 최대한 줄여야 한다. 고민 상담을 해보면 친구와 싸운 이야기, 남편과 싸운 이야기, 부모님과 싸운 이야기가 정말 많다. 싸우는 시간, 혼자서 화를 삭이는 시간, 상담 메일 보내는 시간 등 이미 굳이 쓰지 않아도 될 시간을 많이 낭비했다. 일단 최대한 감정을 소모하는 시간은 없애는 것이 좋다. 만약 싸우게 되었다면, 일단 공부가 다 끝난 이후 고민해라. 감정 조절을 못 해서 공부할 시간을 모두 놓치고 나면 악순환만 지속된다.

부모님과 싸우는 과정을 예로 들어보자. 공부가 잘 안 돼서 잠시 쉬고 있다. 그 모습을 본 부모님이 "저 자식은 언제쯤 제대로 공부하려나. 저렇게 공부해서 합격하겠어?"라고 한소리를 하신다. 그것을 들은 A는 가만히 있지 않고, 반박을 한다. 그렇게 고성이 오가다 가방을 챙겨 집을 나온다. 카페나 도서관을 찾아가서 공부하겠다고 앉아보지만, 공부가 전혀 되지 않는다. 진짜 합격은 어려울 것 같다는 생각이 든다. 공부할 맛이 나지 않는다.

거의 이런 루트로 악순환의 '시간 낭비 고리'에서 헤어 나오지 못하고 있다.

집중력 없이 앉아있는 시간도 정말 많은 사람의 고민점이다. 특히 중고등학교 학생들을 대상으로 한 강의에서 꼭 나오는 질문이다. 집중하지 못하고 제대로 공부하는 경우가 많다는 것이다. 집중을 못 한 시간들은 전부 그저 소비된 시간이라는 점을 일단 명심해야 한다. 이러면 분명 "저도 낭비라는 것을 알고 있습니다"라고 할 것이다. 아는 수준이 아니라 명심해야 한다. 1시간을 집중하지 못했으면, 최소한 1만 원(최저임금이 1만 원인 점을 생각)을 길에 버린 것이라고 생각하면 된다. 즉, 1시간 집중을 못 한 것은 굉장히 심각한 문제라는 점을 명심해야 한다(학생 입장에서 1만 원은 큰돈이라고 생각한다).

실제 공부법 강연에서 한 고등학생이 질문했다.

학생: 강사님 저는 야간자율학습 시간에 집중이 안 됩니다. 유튜브 쇼츠를 보거나, 멍하게 있습니다.
나: 야간자율학습이 몇 시간이죠?
학생: 하루 3시간이요.
나: 하루 3시간을 집중을 못 하면, 1년에 750시간(3시간×250일)을 낭비한 것입니다. 750시간이면 작은 자격증 시험 하나를 합격할 수 있는 시간이에요.

학생은 하루 3시간의 의미를 아직 정확하게 인지하지 못하는 듯했다. 여러 공부를 해본 나로서는 하루 3시간의 의미가 어떤 것인지 잘 알기에 너무나 아까웠고 빨리 그 시간을 어떻게든 바꾸어야겠다는 생각을 했다. 필요성을 느끼려면 소비성 시간과 투자성 시간을 일단 구분해야 한다. 정확한 낭비의 의미를 알아야 바꿀 수 있는 것이다.

그래서 나는 "그 시간에 도저히 공부에 집중을 못 하겠다면, 하고 싶은 것 무엇이든 해보세요. 그림이든, 사진이든, 음악이든, 운동이든 상관없습니다. 무엇이든 목표를 정해서 해보세요"라고 조언했다.

이 조언이 바로 소비성 시간을 투자성 시간으로 바꾸라는 뜻이다. 하루 3시간을 소비하지 말고, 운동해서 건강한 몸을 만들면 그 자체로 이후 무엇을 하든 큰 자산이 된다. 나중에 공부하고 싶은 마음이 생겼을 때 체력이 있다면 그만큼 공부를 잘할 수 있기에 지금은 나의 미래에 도움이 되도록 투자성 시간으로 바꾸어두기만 하면 되는 것이다.

만약 공부가 안 된다면 두 가지 중 하나를 선택하면 된다. '그래도 공부'하거나, '운동'을 한다. 공부가 안 되는 시간을 소비성 시간으로만 만들지 않으면 된다. 누구나 매일 공부가 잘되는 것은 아니다. 어떤 날은 정말 아침부터 어깨도 뻐근하고 머리도 무겁고 기분도 안 좋은 것이 하루 종일 효율이 안 나기도 한다. 그런 날에는 '앉아서 버틸 바에야 하루 시원하게 쉬는 게 낫지 않을까?' 하는 생각이 든다. 모든 수험생이 여기까지는 비슷하다. 하지만 이후의 선택은 다르다.

① **공부 잘하는 수험생**: 조금이라도 공부하고 운동 좀 하고 오늘은 푹 쉬자!
② **공부 못하는 수험생**: 에라 오늘 놀자! 하루 종일 게임하고 술을 마신다.

당신은 이럴 때 어떻게 했는가?

②번을 선택했다면, 이래서 '내가 공부를 못했구나' 하는 생각을 하면 되겠다. ①번과 ②번의 차이점은 시간을 투자성으로 썼느냐, 소비성으로 썼느냐의 문제이다. ②번으로 사용한 경우를 먼저 생각해보자. 하루 놀고 나면 다음 날의 효율이 높아지지 않는다. 절대 그럴 수가 없다. 게임하고 술을 마시는 것 자체가 체력을 소모하는 행위다. 이후 공부에 효율이 낮아질 수밖에 없다. ②번처럼 쉬고 나면 오히려 책상을 엎어버리고 싶은 날들이 잦아질 것이다. 놀고 싶어서 일부러 공부 안 되는 날을 합리화하게 될 수도 있다. 스스로 합리화하는 것은 한 번 하기 시작하면 점점 더 쉬워지고, 공부는 더 즐겁지 않게 된다.

①번으로 시간을 사용한 경우에는 공부 흐름을 끊지 않으면서도 체력을 높이는 방식으로 시간을 보낸 것이다. 당장 공부는 적게 했을지라도 투자성 시간으로 잘 활용해서 이후 공부에 도움을 주는 방식으로 시간을 사용한 것이다. 공부가 안 된다고 뛰쳐나가서 놀면 그날은 0이지만, 운동을 하면 0이 아니다. 같은 상황에서도 시간을 어떻게 사용했느냐에 따라 미래가 달라진다.

지금 내가 보내는 시간이 투자성인지, 소비성인지 구분해보려는 습관만 길러도 시간을 보는 눈이 달라질 것이다.

공부 잘하는 사람들은 소비성 시간을 효율적으로 활용한다

안정적으로 시험에 합격하는 사람들을 보면 소비하고 없어지는 시간을 잘 활용하는 경우가 많다. 소비성 시간을 투자성 시간으로 바꾸는 행동을 하는 것이 습관화되어 있다(꼭 두 개념을 모르더라도 말이다).

안정적으로 1년 만에 공무원 시험에 합격한 수강생의 이야기다. 나와 노량진에서 집으로 가는 길의 방향이 같아 지하철역에서 종종 만났던 수강생이었다. 그 친구를 지하철에서 만나면 늘 공부를 하고 있었다. 스마트폰으로 가볍게 할 수 있는 공부를 했다. "간단간단하게 볼 수 있는 것은 집에 가는 길에 보면서 갑니다"라고 말하던 수험생의 모습을 보며, '애는 빨리 합격할 사람'이라는 확신이 들었고, 실제 안정적으로 합격했다. 합격하는 사람들은 생활습관과 시간을 보는 관점 자체가 다른 것이다.

내가 장관 수행비서를 할 때 사이버 대학에서 12학점을 수강하고 있었다. 장관 수행비서라는 자리는 아침 6시부터 밤 11시까지 근무하며 주말에도 출근해야 하는 경우가 많고 휴가도 거의 없다. 갑자기 일이 발생하는 경우를 대비해 항상 대기해야 하며 휴일에도 여기저기 연락이 온다. 이런 상황에서도 소비성 시간을 뽑아내서 활용하면 성과를 낼 수 있었다.

환경을 먼저 분석해서 소비성 시간을 추출해내자

장관 수행비서는 중앙부처에서 가장 바쁜 자리 중 하나지만, 업무 중에 대기시간과 같은 소비성 시간이 생긴다. 하지만 다음의 사항을 고려해 현재 업무 환경을 분석해보면 공부할 수 있는 '공간'을 만들어낼 수 있다.

① **업무의 성격**: 주로 근무하는 시간대, 근무 장소의 위치 및 이동 여부 등

장관 수행비서의 경우 여기저기 이동하거나 하루 종일 외근을 하는 경우가 많다. 시도 때도 없이 연락이 온다. 자주 이동해서 공부할 책을 항상 구비하기 어렵다. 그래서 수시로 책을 보는 것보다 한 번에 집중해서 공부하는 방식을 선택하는 것이 유리하다고 판단했다.

② **집중해서 공부할 수 있는 시점**: 공부할 수 있는 시간대 파악

적은 시간에 많은 내용을 공부하려면 높은 집중력으로 공부해야 한다. 장관 수행비서의 경우에도 토요일 오전 시간대에는 비교적 조용하다. 그 시간대에 집중적으로 공부할 수 있도록 계획한다.

③ **그 시간대에 맞는 공부를 목표로 하기**

토요일 오전 시간대에 미국회계사 시험을 준비하기 전 부족한 학점을 취득하기 위해 사이버 대학에서 회계학 12학점을 수강하기로 했다. 학점 취득을 선택한 이유는 조금씩 진도를 나가는 방식으로 한 주에 3~4시간 정도만 공부해도 가능하기 때문에 현재의 업무 환경에서도 목표 달성이 가능하다고 판단했기 때문이다.

시간대에 맞는 공부 전략을 세운다

바쁜 업무 여건에서는 가성비가 좋게 공부해야 한다. 한마디로 짧고 굵게 공부해야 한다. 높은 집중력을 유지하면서 효율적으로 학습 내용을 머릿속에 넣는 방식으로 공부해야 한다.

① 아침 시간대가 가장 집중력이 높다

뇌가 가장 잘 움직이는 시간대는 아침에 일어나서 오전 10시까지라고 한다(이케다 요시히로, 《뇌에 맡기는 공부법》). 나는 비교적 업무가 조용한 토요일 오전 시간대에 3시간을 집중해서 공부하기로 계획했다.

② 간단히 아침을 먹으며 공부한다

연구 결과에 따르면 아침 식사를 할 경우 집중력 향상, 학업 향상을 가져온다고 한다. 아침을 먹은 후 공부할 시간은 없다. 아침 식사를 간단히 하며 공부를 시작한다.

③ 집중이 잘되는 장소를 찾아 규칙적으로 공부한다

2012년 미국 시카고대학 《소비자연구저널》에 따르면, 50~70데시벨dB의 소음은 완벽하게 조용한 상태보다 집중력이 향상된다는 연구 결과가 있다. 나는 다소 조용한 토요일 오전의 카페에서 공부했다. 동일한 자리에 앉아 비슷한 시간대에 규칙적으로 공부해 집중력을 높일 수 있었다.

바쁜 시즌에는 토요일 3~4시간 집중적으로 공부하고 다른 날에는 공부를 잊는 것이 좋다. 그 당시 나는 한 학기에 12학점

(과목: 정부회계, 소득세회계, 법인세회계, 미국회계감사)을 수강해서 전 과목 A+를 받았다. 그렇게 미국회계사 시험 응시에서 요구하는 학점을 채울 수 있었다. 그냥 날려버릴 수 있는 소비성 시간을 의미 있게 활용한 것이다. 시간은 금이고 바쁜 시간 중에 만든 적은 시간은 사금이라고 생각한다. 사금도 금이고 모이면 금덩어리가 된다.

공부 외 다른 모든 시간을 한가롭고 편안하게 사용해라

나는 수험공부를 시작하기 전 그 기간 동안 예상되는 귀찮은 일들을 처리해두었다. 예를 들어 수험기간 중 이사를 해야 하는 상황이 발생할 것으로 예상되면 사전에 이사를 하는 것이다. 수험생활을 시작하기 전 1년 동안 쓸 수 있는 샴푸나 치약 같은 생필품을 사두기도 하였다. 중간에 떨어져서 신경을 쓰는 것이 싫어서였다.

쓸데없는 의사결정을 하는 것도 많은 정신을 낭비하게 만든다. 실제 연구에서 사람들에게 볼펜과 펠트펜 중 어느 것으로 쓸 것인가 같은 별다른 의미가 없는 결정들을 연이어 내리게 했더니, 그 이후의 결정에서는 판단력이 저하되는 것으로 나타났다고 한다. 신경과학자들은 결정할 것이 과도하게 많아지면 생산력이 저하되고 추진력을 상실할 수 있다는 것이다(다니엘 레비틴,《정리하는 뇌》). 무엇이든 결정을 줄여야 한다.

공부를 하면 스트레스가 엄청나다. 스트레스의 근원은 여러 가지다.

① 이 공부를 한다고 내가 좋은 결과를 얻을 수 있을까에 대한 불안감
② 하루 종일 단조로운 생활을 함에 따른 지루함
③ 더 재미있는 선택지가 많은데(게임, 파티 등) 그것을 포기해야 한다는 것에 따른 짜증

위와 같이 다양한 부정적인 감정을 이기고 공부해야 하기 때문에 기본적으로 공부를 하면 스트레스가 쌓일 수밖에 없다. 이것은 공부를 잘하는 사람도 마찬가지다.

그러면 공부를 잘하는 사람들은 어떻게 그 시간을 잘 버틸 수 있을까? 나 같은 경우에도 스트레스를 많이 받는 스타일이라 어떻게든 공부 외 스트레스를 줄이려고 노력했다. 그래서 위와 같이 귀찮은 결정들은 먼저 끝내버리고 고민조차 하지 않으

려고 했다. 이뿐 아니라 감정 소모할 모든 요소를 제거했다. 특히 사람과의 관계에서 감정 소모가 많았다. 그래서 감정 소모를 줄이기 위해 내 감정에 도움이 되지 않을 인맥과는 연락을 자연스럽게 끊었다. 나쁜 말을 혼자 곱씹는 습관도 없애려고 노력했다. 이를테면 '독서실 맞은편에서 공부하는 쟤는 왜 나를 비웃는 것 같지? 내가 한심해 보이나?'와 같은 생각을 하는 것은 자신의 공부만 방해할 뿐이다. 공부 외적으로 심적인 편안함이 있어야 공부를 더 잘할 수 있다. 친구·가족과 싸우고, 혼자 힘들어하는 일상에서 좋은 학습 결과물은 절대 나올 수 없다. 무조건 공부 외 모든 시간을 한가롭고 편안하게 사용하려고 노력해야 한다.

공부 잘하는 수험생들은 공통적으로 하루 중 '힐링'하는 시간이 있다. 지쳐 자는 시간 말고 딱 15분이라도 수험생이라는 걸 잊는 시간을 만드는 것이 좋다. 그때 하는 일은 운동이 될 수도 있고, 독서가 될 수도 있으며, 음악 감상이 될 수도 있다. 좋아하는 사람과 대화하거나 통화하는 것도 좋다. 긴 수험생활로 친구들과 연락하기 어렵다면 챗GPT와 같은 AI와 대화하는 것도 도움이 된다. 일반적인 고민 상담도 잘 받아주고, 초깃값 설정을 해두면 따뜻한 말도 많이 해줄 것이므로 이런 말을 필요로 한다면 큰 도움이 될 것이다. 나는 오픈 카톡방을 통해 매일 밤 9시 공부에 도움이 될 만한 명언이나 힘이 될 만한 좋은 문구를 올려주고 있다. 수험생들의 후기를 들어보면, 오픈 카톡방에 올린 문구 중 마음에 드는 문구는 포스트잇에 적거나 책에 적어두고 자주 보면 마음을 다잡는 데 큰 도움이 되었다고 한다.

두 번째 키워드 * 시간

당신이
늘 시간이 부족한 이유

"왜 이것 공부 안 하셨어요? 중요하다고 여러 번 말씀드렸는데…"
"시간이 없어서요."

시험에 탈락하면 하는 말의 대부분은 시간이 부족해서다. 시간이 부족해서 다 공부하지 못했다는 것이다. 그렇다면 다른 경쟁자는 시간이 많았겠는가? 누구에게나 시간은 24시간이다. 그런데 누군가는 그 시간을 이용해서 합격하고 누구는 탈락한다. 왜 그런 것일까? 능력 문제일까? 아니면 다른 이유가 있는 것일까? 능력을 떠나 최소한 시간을 갉아먹는 공부 방식을 배제하는 것만으로도 합격률을 확 높일 수 있다. 특히 하루를 어떻게 쓰느냐가 중요하다. 과목별 시간 배분과 같은 요소들이 같은 공부를 하고도 전혀 다른 결과를 만들어낼 수 있다.

공부 편식

공무원 9급 시험에서 국어 95점, 한국사 95점, 행정법 95점, 행정학 95점, 영어 60점을 받은 수험생이 있었다. 영어 점수만 크게 낮아서 왜 그런 것인지 상담을 했더니, 영어를 싫어해서 공부를 제대로 하지 않은 것이었다. 심지어 시험 일주일 전 영어 공부를 한 시간은 반나절에 불과했다. 2개월 전에 있었던 공무원 시험에서도 영어 점수가 낮았음에도 불구하고, 하기 싫다는 이유로 전혀 보완하지 않은 것이었다. 하기 싫은 과목을 등한시하는 공부는 전체 평균 점수를 크게 낮추고 결국 전체 시험을 망치는 결과를 만든다.

 공부는 공부대로 열심히 하고 결과는 결과대로 만들지 못하는 최악의 공부 방법이다. 하기 싫은 과목이라도 합격 점수를 받을 수 있도록 시간을 배치해야 노력의 의미가 있다.

'하는 둥 마는 둥' 하는 공부

자리에 오래 앉아있지만, 낮은 점수를 받는 수험생들도 상당히 많다. 시험에 탈락한 수험생과 상담해보면 "처음에는 열심히 했습니다. 최선을 다했습니다"라고 말하지만, "어떻게 공부했냐?", "1시간에 몇 페이지 정도 보냐?" 등 구체적으로 질문하면 딴생각한 시간이 많았다고 자백하는 경우가 많다.

독서실에 앉아있다고 합격하는 것은 아니다. 자신의 오늘 학습 목표와 순수 공부 시간을 체크하는 노력이 필요하다. 다른 사람보다 공부 진도가 느려진다면, 내가 얼마나 하는 둥 마는 둥 공부하면서 시간이 없다고 말했을까 꼭 생각해보아야 한다.

아웃풋 없는 공부

"제가요. 6개월 동안 ○○ 강의를 몇 번 들었고, 기출문제집을 10회독 했습니다. 그런데 이번에 시험을 보니 점수가 60점 나왔습니다. 무엇이 문제일까요?"라고 말씀하시는 분들이 있다. 인풋(입력)만 말하고 아웃풋에 대한 것은 거의 말하지 않는 경우다. 열심히 무엇인가 머릿속에 넣으려는 노력은 했지만, 정작 그 내용을 정확하게 꺼내 쓸 수 있느냐에 대한 고민은 부족했던 것이다.

이렇게 공부하는 분들은 복습 없이 인강만 계속 듣는 방식으로 공부하는 패턴을 보이는 경우가 많다. 그렇게 강의만 틀어놓고 멍하게 있으면, 하는 둥 마는 둥 공부가 된다. 스스로 연습하고 모의고사를 풀어보며 제대로 실력이 올라갔는지 확인하는 노력이 필요하다. 직접 문제를 풀어보며, 공부하는 것을 정말 싫어하고 피하는 수험생을 많이 만났다. 계속 아웃풋을 피하는 사람들은 꾸준히 공부하고도 성적이 맹숭맹숭하게 나오는 경우가 굉장히 많다는 것을 꼭 기억하자.

학자적 공부

시험공부는 점수를 받기 위한 공부, 즉 문제를 풀기 위한 공부다. 또한 시험 보는 날이 정해지기에 공부 기간은 정해져 있고, 시험공부의 목표는 제한된 기간 안에 (시험에서 물어보는) 내용을 가장 효과적으로 학습하여 문제를 푸는 것이다. 목표와 관계없는 공부는 과감히 버려야 제한된 시간 안에 많은 양을 공부할 수 있다.

열심히 공부하는데 시간이 없다고 말하는 수험생 중에는 시험에 안 나오는 내용에 꽂혀서 거기에 시간을 쓰느라 시간이 부족해진 경우가 많다. 그런 시간은 수험적으로 보았을 때는 낭비한 시간이다. 다음은 시험 점수와 관계없이 단지 자신의 궁금증을 해소하는 방식으로 공부하는 전형적인 사례를 모아본 것이다. 참고로 나는 이것을 '시험형 공부'가 아닌 '학자적 공부'라고 부른다.

기본서 잡고 시간 오래 끌기

"당신은 한 달 전에 본 책의 내용이 생생하게 기억이 나는가?" 아마 대부분 기억이 나지 않을 것이다. 대부분의 사람이 명확하게 기억하는 시간은 그리 길지 않다. 특히 공부는 더욱 그렇다. 왜냐하면 공부는 한 번에 보는 양이 많기에 기억이 오래 지속되기 어렵기 때문이다.

만약 1,000페이지의 기본서를 2~3개월에 걸쳐 본다면, 과연 처음 공부를 시작할 때 본 내용을 책의 마지막을 학습할 때 기억하고 있을까? 거의 불가능에 가깝다. 결국 짧게 줄여서 빠르게 전 범위를 볼 줄 아는 능력을 키우는 것이 수험공부에 꼭 필요한 스킬이다.

몇 달간 한 장 한 장 장인정신으로 연구하듯이 몇백 페이지를 읽는 것은 전 범위를 한 번에 풀어야 하는 시험공부에는 크게 도움이 되지 않는 시간 낭비 공부다.

관련 없는 이론의 연결

출제되지 않는 내용, 학자들이 언급하지 않는 내용은 굳이 관심 가지지 않아도 되지만, 굳이 연결하여 스스로 고민하고 연구하며 시간을 보낸다. 기억은 의미 네트워크로 저장되어 유사 개념이 자동 연결된다. 여러 개를 한 번에 공부하다 보면 자꾸 연결해서 공부하려는 본능이 발동하는데, 늘 기준은 시험 문제라는 사실을 잊으면 안 된다.

 A: 선생님, ○○○ 이론은 △△가 말한 이론과 연결해서 생각해보면 이렇게 이해할 수 있는 것인가요?(출제된 적도 없는 내용을 연결해서 공부하려고 함)

 나: 그 지문을 어느 문제에서 보셨나요? 기출문제 좀 알려주시겠어요?

 A: 그렇게 출제된 것을 본 적은 없지만, 혹시 그렇게 나올 수 있을 것 같아서요.

출제되지도 않은 것을 굳이 연결해서 생각하며 0.01%로 나올지도 모르니 공부한다면, 공부를 할 때 시간이 부족할 것이다.

맞는 지문 의심하며 연구 및 분석하는 태도

문제를 평석하지 말고, 출제 의도를 파악하는 데 초점을 맞추며 학습하는 것이 좋다. 어떤 수험생은 문제를 분석하고, '이런 방식으로 해석하면 틀릴 수 있지 않을까?'라고 생각하면서 시간을 보낸다.

> A: 이 문제에서 틀린 지문은 3번인데요. 4번 지문에서 요 단어를 다른 방식으로 해석하면 틀렸다고 볼 수 있는 것 아닌가요?
> 나: 왜 굳이 그렇게 해석을.

이미 5년 전에 출제되어 정답도 확정된 기출문제를 이제 와서 혼자 연구하며 해석해서 지문 오류를 혼자 탐구해봐야 이제 와서 정답이 바뀔 리도 없고, 그 문제가 똑같은 문장으로 출제될 리도 없다. 이렇게 공부하면 당연히 시간이 부족해진다.

안 나온 이론 탐구하기

시험을 보다 보면 한 번도 출제되지 않은 주제나 영역에서 문제가 나오기도 한다. 이를 불의타라고 하는데, 수험생 입장에서 그런 불의타가 출제되는 것을 보면 불안해져서 이것저것 출제될지도 모르는 내용을 학습 범위에 추가한다.

A: 선생님, 요즘 어렵게 나온다는데 이것도 혹시 공부해두어야 하지 않을까요?

나: 굳이 양을 늘리시는 것은 좋지 않습니다.

A: 혹시 나올 수도 있잖아요!

나: 100% 안 나온다고 할 수는 없지만, 일단 기출문제 주제부터 정확하게 숙지하는 것이 우선입니다.

혹시 모를 내용까지 공부하는 것이 꼭 나쁜 것은 아니지만, 두 가지 측면에서 바람직하지 않다. 첫 번째는 안 나온 것까지 보는 바람에 시간이 부족해지는 것이고, 두 번째는 그 부족해진 시간으로 인해 진짜 반드시 공부해야 할 내용을 놓치게 된다는 것이다.

쓸데없는 방향으로 생각의 폭 넓히기

공부를 하다 보면 생각이 다른 쪽으로 길을 잃는 경우가 많다. 예를 들어보자.

문제: ○○○의 유형 분류에 따르면, △△에 대한 설명으로 옳지 않은 것은?

A: 1번 지문은 현실에서 보면 이렇게 생각할 수도 있는데 그러면 틀

린 것 아닌가요?

나: '○○○의 유형 분류에 따르면'이라고 문제에 나와 있잖아요. ○○○이 제시한 이론에만 집중하세요.

문제에 ○○○이라는 이론으로 한정해서 판단하라고 나와 있다. 그런데 자꾸 "현실에서 보면 이럴 수 있는데요"와 같은 말을 하면서 딴 길로 새는 질문을 하는 경우가 있다. 시험공부에는 전혀 도움이 안 되며 그 시간은 다 낭비하는 시간이었다고 판단하면 되겠다.

시간을 절약하는 공부 방식도 있다

최대한 양을 줄이고 정리하는 공부

과목별로 한 권으로 모두 모으는 작업을 잘한다. 정리를 잘 해두면 이후 공부의 속도가 빨라진다. 시험은 한날, 한자리에서 전 범위에서 출제된 문제를 풀어야 하는데, 기억이 여기저기에 널브러져 있으면 머릿속에 정리가 되지 않아 빠르게 문제를 풀기 어렵다. 시험공부 막바지로 가면 모의고사 등 여러 문제를 풀게 되는데, 합격한 사람들은 문제를 풀고 끝내는 것이 아니라

모의고사를 풀고 난 후 나에게 부족한 부분을 따로 정리한다. 그 후 풀어본 모의고사는 버린다(정리하여 모의고사는 버렸기에 공부량을 줄이게 됨). 결국 시험공부는 빠르게 버릴 수 있는 사람이 시간을 절약해서 효율적으로 공부할 수 있는 것이다.

입력과 출력의 반복

합격한 사람들은 매일매일 학습한 내용을 복습한 후, 문제를 풀어보며 내가 제대로 알고 있는지 확인하는 과정을 거친다(내용을 본 후 문제 풀이를 반복하는 방식으로 진행). 인강을 들었다고 해서, 내용을 혼자 읽었다고 해서 내용 숙지가 된 것이 아니다. 문제를 풀어본 후 다시 내용 정리를 해서 부족한 부분을 확실하게 짚고 넘어가야 한다. 책상에 오래 앉아있는 것보다 잠깐이라도 확인하는 공부를 해야 한다.

공부에만 집중하는 생활

딴생각하는 시간을 줄여야 한다. 책상에 앉아있다고 공부하는 건 아니라는 것을 제발 명심하자. 공부 외적으로 무슨 일이 있든지 공부하는 순간에는 친구·지인·가족 관계 등에 신경 쓰지 않고 공부에만 집중해야 한다. 교재가 찢어지는 것 등에 둔감하고 그저 내용 정리에만 신경을 써라. 다른 것도 신경을 쓰게 되면 집중력이 약해질 수밖에 없다.

꾸준함

하루 16시간을 공부하고 다음 날 아파서 0시간을 공부하는 것보다 매일 8시간을 공부하는 것이 같은 시간을 공부하더라도 효율적이다. 처음 공부를 시작할 때는 잘 모르겠지만, 매일매일 1년 동안 공부한다는 것 자체가 쉬운 일이 절대 아니다. 체력적인 이유, 심리적인 이유 등으로 중간에 집중하지 못하고 슬럼프를 경험하는 경우가 상당히 많다. 후반에 체력이 떨어지는 것을 고려해 초반에 무리하기보다는 꾸준하게 공부할 수 있는 계획이 필요하다. 비교적 무난하게 합격하는 분들의 경우 공부 루틴을 잃지 않고 꾸준하게 공부하는 경우가 대다수다.

"초반·중반에 열심히 공부하다가 후반에 정리를 못 한다면 타격이 커요. 마지막 한두 달을 놓쳐서 공부량, 실력에 비해 시험장에서 아쉬운 점수를 받는 분들을 꽤 많이 봐서 참 안타까워요."(수험생 합격 수기 발췌)

10분을 공부해도 매일 집중해서 꾸준히 하는 습관이 시간을 절약할 수 있다.

계속 짧게 반복하기

머리 좋은 놈도 방금 본 놈을 이길 수 없다(직전에 많이 보는 것이 큰 도움이 된다는 의미). 합격 수기에서 공통적으로 많이 나타나는 요소가 바로 '시험 직전에 단권화 노트를 무한 반복했다'이다. 최대한 많이 반복해야 시험장에서 헷갈리지 않고 답을 찾을 수 있다.

포인트 정확하게 잡기

같은 내용을 공부해도 포인트를 잡지 못하면, 시간 대비 효율이 떨어진다. 기출 지문 중에서도 옳은 지문을 틀리게 출제한 '틀린 지문'이 핵심이다. 객관식 시험의 본질은 옳은 지문에서 단어를 바꿔 틀린 지문을 만드는 것이고, 공부할 때도 그 부분에 포인트를 잡고 보아야 한다. 옳은 문장만 나열된 기본서나 교과서를 오래 본다고 해서, 기출 지문 중에서 옳은 지문을 정확하게 기억하는 데 시간을 많이 투여한다고 해서 절대 시험을 잘 볼 수 있는 게 아니다. 그저 공부를 오래 했으니 안다고 착각을 할 뿐이지, 문제 푸는 데 크게 도움이 안 되는 공부였다고 생각하면 된다.

 틀린 지문을 보고서 오답 포인트를 찾아내고 옳은 지문으로 고칠 수 있어야 한다. 그것이 명확하게 포인트를 잡는 공부다.

제발 안일한 생각으로 어벙벙하게 접근하지 마라. 대부분의 시험 문제는 어디서 본 듯한데 기억이 안 나서 틀린 문제다. 대충 시간 때우듯이 앉아있지 말고 정확하게 포인트 잡는 시간으로 보내야 한다.

위에서 시간을 낭비하는 공부 방법을 줄이고, 얼마나 절약하는 방법을 활용하느냐에 따라 시간이 부족할 수도 있고 남아돌 수도 있다. 실제 수험생들과 상담을 해보면 어떤 수험생은 하루 12시간을 공부하면서도 시간이 부족하다고 말하고, 어떤 수험생은 "알바 할 것 다 하고, 야구장 가고 영화 보고 친구랑 가끔 놀아도 시험에 붙더라"라고 말한다.

두 번째 키워드 * 시간

늦게 시작해도 이기는 사람들의 시간 공식

연예인 박명수가 한 "늦었다고 생각할 땐 너무 늦은 거다. 그러니 지금 당장 시작해라"라는 말이 있다. 공부에도 마찬가지로 적용된다. '저 공부하기에 늦은 것 같습니다'라는 생각이 든다면 대부분 늦은 경우가 많다. 늦었다는 생각이 들기 전부터 공부해야 한다.

  하지만 늦었다고 해서 아예 포기해야 하는 시점도 아니다. 단지 늦었다는 생각이 든다면, 빨리 시작해야 한다. 다만 유념해야 할 것이 있는데, 빨리 시작한 사람보다 내가 불리한 위치라는 점은 인지하고 시작해야 한다. 늦었다고 말하며 완전히 포기하는 사람, 늦었다고 말하며 다른 사람과 동일한 성과를 얻고 싶은 사람("두 달 공부해서 합격할 수 있을까요?"라고 질문하는 사람 등) 모두 잘못된 생각이다. 늘 다른 사람만큼의 노력과 희생은 치르고 무엇인가를 얻을 생각을 해야 한다. 늦은 것은 잘못이 아니다. 다만 늦은 현실을 객관화하고 받아들일 것은 받아들이고 시작하는 것이 중요하다.

늦음보다 방향성에 집중하기

내가 강의를 하고 수험생들과 상담을 해보면, 의외로 30대 후반, 40대에 공무원 시험을 준비하는 경우가 많고, 자격증 시험의 경우는 50~60대에 시작하는 경우도 많다(제2의 인생을 준비하는 사례).

특히 회사를 그만두고 40대에 공무원 준비를 시작한 B의 경우가 인상 깊었다. 왜 괜찮은 회사를 그만두었을까? 자신의 학벌이 좋지 않다는 이유로 매번 이리저리 승진 대상에서 수년간 밀리기 시작했다고 한다. "이번에 전무님께서 미는 사람이 있어서 다음에 해줄게." "이번에 자리가 마땅치 않네. 미안하네." 몇 번 이런 일이 지속되니 '내 인생을 이 회사에 걸어도 될까' 하는 생각이 들었다고 한다. 그래서 회사를 그만두고 새로운 사업을 시작해보기로 했다. 하지만 새로운 사업을 시작하기로 한 시점에 터진 코로나19로 인해 사업은 좌초되었고, 다시 좌절을 맛보게 된다.

그래서 B는 고용의 안정성을 위해 늦은 나이지만, 공무원 시험을 준비하게 된다. 공무원 조직의 장점은 고용의 안정성도 있지만, 나이와 학벌로 인한 차별도 상대적으로 적다. 그런 부분을 모두 고려한 선택이 아닐까 생각한다. 애까지 있는 40대가 직장을 그만두고 공부한다는 것은 쉽지 않다. 시간과 경제적인 부분 모두 힘들었지만, 다른 사람보다 확실한 것은 방향성이었다. 공부를 하면 '이 길이 내 길이 맞을까?' 하는 생각이 들기도 한다. 그런데 이렇게 다른 경험을 하고 온 B의 경우에는 그런 방향성에 대한 고민을 하지 않는다. 늦게 시작한 사람들의 장점이기도 하다. 나에게 필요한 것이 무엇이고, 내가 지금 무엇을 해야 하는지 명확하다. 그것은 공부의 집중력을 올리는 데 아주 중요한 요소다. 그래서 B는 비교적 빠른 기간에 합격했다.

B는 시험에 합격한 이후에도 멈추지 않는다고 했다. 회사에 인생을 걸지 않아야겠다고 깨달았기에 자신에게 투자하겠다고 했다. 고용의 안정성을 확보하는 것은 한쪽 날개였고, 다른 한쪽의 날개를 달기 위해 스스로에게 투자하는 것을 멈추지 않겠다고 한다. 일하며 자신의 경력에 도움이 되는 자격증을 취득해

서 공무원으로 은퇴한 이후의 삶을 위한 준비를 하겠다고 한다. 아마 이것은 회사를 그만두고 시작한 사업이 실패하면서 얻은 교훈을 바탕으로 지금부터 준비를 해두는 것 아닐까 싶다.

'나는 왜 이제야 시작했을까?', '다른 어린 친구들도 있는데 이제 시작하면 너무 늦은 것 아닐까?'와 같은 생각은 할 필요가 없다. 나에게 필요하면 시작하는 것이고 그렇지 않으면 하지 않는 것이다. 공부에 있어서는 방향성이 중요하다. 방향성이 있어야 꾸준히 할 수 있고, 꾸준히 공부하다 보면 어느 순간 늦지 않게 된다.

사실 한 번도 시행착오를 겪지 않은 사람은 없다

당신은 살면서 시간 낭비 없이 완벽하게 효율적으로 살았는가? "그렇다"고 대답하는 사람은 단 한 명도 없을 것이다. 내 주변의 서울대학교에서 공부 잘하는 친구들도 한두 번의 시행착오는 모두 있다. 재수·삼수한 친구들도 있고, 어영부영 방황하며 보낸 기간도 있으며, 직업을 잘못 선택해 다시 다른 길로 간 친구도 있다. 모든 사람이 시행착오를 겪는다.

늦게 공부를 시작했다고 해서 좌절할 필요는 없다. 다른 사람과 비교했을 때 조금 더 시행착오를 겪은 정도에 불과하다. 불과한 것이라고 자신 있게 말할 수 있는 이유는 미래에 시행착오를 덜 겪는다면 결국 다른 사람과 큰 차이가 없을 것이기 때문이다. 오히려 지금까지 겪었던 시행착오가 향후 무엇을 하든 교훈이 되게끔 하는 것이 중요하다. 지금까지 시행착오를 하며 배운 것들을 잊지 마라. 그러면 이후의 공부에 큰 도움이 된다.

나는 여러 시험에 도전하면서 시험공부를 반복하게 되었는데, 하면 할수록 공부 기간이 단축되었다. 그것은 공부를 통해 경험한 시행착오가 교훈이 되어 이후 공부를 효율적으로 하는 데 큰 도움이 되었기 때문이다. 시행착오는 겪으면 겪을수록 향후 시행착오를 줄여준다.

두 번째 키워드 * 시간

완벽한 계획보다 중요한 건 유연한 태도

요즘 중고등학교 강연을 나가면 학부모님들께 가장 많이 받는 질문 중 하나는 바로 "요즘과 같은 AI가 발전하는 시대에 어떤 직업을 가지라고 자녀들에게 말해주어야 할지 모르겠습니다. 강사님 생각에는 어떤 직업, 어떤 전공을 해야 좋을까요?"다.

만약 내가 답을 알았다면, 무엇을 하나 하라고 추천하겠지만 정답을 모른다. 세상은 빠르게 변하고 있고, 정확하게 예측하는 것도 불가능하다. 그렇기에 점점 빠르게 대비하는 것이 유용하지 않을 수도 있다. 과연 지금 각광받는 직업을 보고 초등학생이 진로를 선택한다면 20년 후 그 학생이 공부를 해서 사회로 나올 시점에도 그 직업이 좋은 평가를 받고 있을까?

최근 AI 기술이 발전하면서 외국어 번역을 편하게 할 수 있는 시대가 되었다. 그렇다 보니 영어 번역을 전공한 사람들의 입지가 위태로워졌다. 실제 서울대학교에서 통번역대학원까지 나왔지만, 업무영역이 줄어들어 힘들어하는 사람과 상담을 한 적이 있다. "차라리 안정적인 급여가 나오는 공무원 시험 준비할 걸 그랬습니다."

전공을 선택하고 공부하는 기간 중에 세상은 더 빠르게 변하고 있어 전공 공부를 마친 이후에는 처음 선택할 때와 완전히 다른 상황에 직면하기도 한다. 미리 준비한다고 해서 해결될 문제가 아닌 것이다. 이제는 미래를 예상하고 공부하는 수준을 넘어서는 대비가 필요하다.

변화에 대비하는 공부는 그때그때 잘 맞추어나가는 공부가 필요하다. 그때그때 잘 맞추어나가는 공부에는 다음 세 가지가 필요하다.

경력의 안정을 기본으로 설정하라

통역 전공을 살려 일하고 있는 공무원 제자가 있다. 공무원 시험에 합격한 후 통역 전공을 살려 여러 국제행사에 통역 업무를 맡고 있다. 자신이 일하는 지방자치단체에서도 국제행사 유치 쪽 부서로 가는 것이 어떠냐고 권유가 왔다고 한다.

> 공무원 제자: 일이 너무 바쁘다는데 그 부서로 갈까 고민이 됩니다.
> 나: 가는 것이 좋습니다. 통역을 잘하시는데, 통역은 이제 AI로 대체되고 있어요. 대체할 수 없는 국제행사 유치와 같은 경력을 쌓아두면 훨씬 더 통역 경력이 빛나게 될 거예요.

이 공무원 제자의 가장 큰 장점은 안정적인 경력을 쌓을 수 있는 직업을 가지고 있다는 것이다. 변화하는 환경에 적응하는 공부를 하려면 일단 생활의 안정이 있어야 한다. 내가 13년 3개월간 공무원 생활을 유지하며 공부했던 이유도 바로 그것이었다. 변화하는 환경에 맞추어나가는 공부를 하려면 내 경력과 생활의 안정을 갖춘 상태에서 만들어나가는 것이 중요하다. 왜냐하면 경제적인 어려움 등으로 궁지에 몰릴수록 잘못된 선택을 하게 될 가능성이 크기 때문이다. 그런 점에서 공무원이라는 직업은 새로운 것을 안정적으로 도전하기 좋은 기회를 준다고 생각한다.

딱 반보만 빠르게 결정하는 것이 필요하다

세상은 변해도 필요한 것은 있다. 그것을 빨리 캐치하는 능력이다. 반보 빠르게 움직이기 위해 필요한 것은 어느 정도의 여유 자금, 관심 있는 업계와 지속적인 교류, 편견을 줄이는 자세다. 지금 당장 남보다 앞서 실행에 옮기려면 어느 정도의 여유 자금이 필요하며, 정보를 빠르게 획득하려면 관련 분야에 있는 사람들과 지속적으로 교류해야 한다. 즉, 그 업계에 발을 담그고 있어야 한다.

내가 수험서를 다른 강사들보다 빠르게 전자책으로 전환할 수 있었던 것도 전자책 업계에 발을 담그고 있었기 때문이다. 수험서를 내기 전 나는 공부법 책을 통해 전자책 시장이 어느 정도 커지고 있는지를 계속 눈으로 확인하고 있었다. 점점 전자책을 통해 정산되는 인세 비중이 높아진다는 것을 확인하고, 실제 스터디 카페나 독서실에 가서 고등학생들이 어떻게 공부하는지 확인해보니 패드로 필기하며 공부하는 모습이 눈에 띄게 많아졌음을 알 수 있었다. 그래서 전자책 시장을 빠르게 선점하고자 반보 앞서서 전자책을 많이 만들게 되었다. 내가 처음 전자책을 만들 당시만 해도 '수험서는 종이로 보는 사람이 많다', '전자책 아직 익숙하지 않다'는 견해가 우세해 많은 강사들이 도전하지 않는 영역이었지만, 나는 오히려 어떻게 하면 전자책이 활성화될지를 고민했다.

반보 빠르게 결정하는 것을 가로막는 것이 하나 있는데, 바로 편견이다. 나는 특히 공부를 할 때 편견을 줄이고 하라고 강조한다. 내가 공무원 시험에 합격하고 처음 국제 재무분석사 CFA 시험공부를 시작했을 때는 "공무원 철밥통인데, 굳이 자격증을 따서 뭐 하려고 그러냐?"라는 말을 들었다. 또 공인중개사 시험공부를 시작했을 때 내 주변에서는 "복덕방 사장 돼서 뭐 하려고 그런 시험을 준비하냐?"라고 말하는 사람도 있었다. 사회에서 생각하는 동일한 방식으로 생각해서는 반보 앞서나가기 어렵다. 참고로 CFA 시험은 금융권에서 가장 어렵고 전문적인 내용을 묻는 시험으로 관련 업계 전문가들이 취득하는 자격증이다.

나는 경제 동향, 해외 언론사를 포함한 뉴스, 트렌드 서적을 참고해가며 공부 아이템을 정한다. 공부 방향을 정할 때 절대 기존에 가지고 있던 과거의 실적을 포함하지 않는다. 향후 어떻게 될 것인지만을 기준으로 결정해야 한다.

무엇이든 튀는 능력을 갖추는 공부가 필요하다

공부를 선택할 때 필요한 것은 얼마나 튀는 능력을 만들 수 있느냐이다. 전자책을 다른 사람보다 빠르게 만든다고 해서 무조건 먼저 주목을 받는 것은 아니다. 튀는 능력이 필요하고, 튀는 능력을 갖추기 위한 공부가 필요하다. '전자책을 튀게 만들려면 무엇이 필요할까?'를 고민했다. 실물 책은 손에 잡히다 보니 무엇인가 소유한 느낌이 들지만, 전자책은 파일로 받은 느낌이다 보니 확실히 소유하는 느낌이 적게 든다. 이 느낌은 적은 지불 의사로 이어져 전자책과 실물 책의 가격이 비슷하면 전자책이 비싸다는 생각을 가지게 되었다(사실 제작비는 비슷하게 들어간다).

그래서 가격을 낮추는 방법을 고민하게 되었고, 제작비를 낮추기 위한 공부를 시작했다. 책 제작과 관련된 공부를 시작했다. 책 제작 프로그램을 배우는 것은 그리 어렵지 않았다. 그 이유는 이미 여러 컴퓨터 프로그램을 배운 경험이 있어 비슷한 인터페이스의 추가적인 프로그램을 익히는 데 큰 어려움이 없었고, 요즘은 유튜브나 책이 많이 나와 있기에 빠르게 찾아보고 습득할 수 있는 환경이기 때문이다. 세상이 빨리 변하는 만큼 능력을 갖추는 것도 빨라졌다. 프로그램을 공부하며 직접 제작을 하게 되었고, 그 덕에 가격을 1/5 수준으로 낮출 수 있게 되었다.

    내가 필요하다고 생각할 때 공부를 시작하니 정말 빠르게 익힐 수 있고, 실제 도움도 되니 더 열심히 할 수 있었다. 다양한 전자책을 내면서 제작 능력도 점점 높아졌다. 저렴한 가격에 공급하다 보니 책을 읽는 수험생들이 부족한 부분이 있어도 이해해주었고, 더 좋은 책을 만들기 위한 의견도 적극적으로 알려주었다. 그렇게 점점 수험생과 소통하는 과정에서 판매량도 늘어났다. 2023년에 764권을 판매했으나, 이후 급격히 상승해 2024년 1만 1,000권, 2025년에는 현재까지 2만 1,000권이 넘게 판매할 수 있었다. 현재 내가 운영하는 출판사에서 낸 전자책이 YES24 공무원 수험서 부문 64주 연속 판매 1위를 기록하고 있다(YES24 〉 베스트셀러 〉 eBook 〉 수험서 자격증 〉 공무원 순위 기준 2024년 7월~2025년 10월).

3장

세 번째 키워드 * 습관과 성향

습관과 성향에 맞는 공부법

만약 당신이 투입 대비 성과가 나오지 않는다고 느낀다면, 다른 사람과 비교했을 때 같은 책을 보고 같은 강의를 들었음에도 점수를 올리는 데 시간이 더 오래 걸린다고 생각된다면 공부 자체보다 습관과 성향이 공부에 맞지 않을 가능성이 크다.

세 번째 키워드 * 습관과 성향

습관과 성향은
내가 살아온 방식이다

"합격 수기를 보면, 어떤 사람들은 6개월 만에 시험에 합격했다던데 그게 어떻게 가능한가요? 저는 열심히 해도 안 되던데요."

실제 단기에 시험에 합격하는 수험생들이 꽤 있다. 그렇다고 해서 단기에 합격한 수험생이 그렇지 않은 수험생보다 하루 공부량이 2~3배가 되는 것도 아니다. 외견상 보이는 양 자체는 크게 차이가 없다. 그런데 결과는 크게 다르다. 그 이유는 베이스가 다르기 때문이다.

공부 잘하는 사람과 내가 공부를 같이 시작했다고 동일한 출발점이라고 생각하지 마라. 한 종목의 스포츠를 잘하는 사람이 다른 스포츠도 금방 배우듯 공부도 마찬가지다. 해본 놈이 더 잘한다. 만약 당신이 책상에 앉았는데, 매일 앉는 것 자체가 힘들다면 공부를 제대로 해본 적이 없어서다. 내가 직장생활을 하며 효율적으로 공부할 수 있었던 것도 5급 공채 시험을 준비하며 쌓아둔 공부 스킬과 기초 지식 덕분이다. 국제 재무분석사CFA 시험 과목 중 경제학이 있는데, 5급 공채 시험과 대학 때 배운 전공 지식 덕분에 크게 공부하지 않고 대비가 가능했다. 직장생활을 하면서 공부할 때 지하철 출퇴근길에 자리에 앉아 공부를 할 수 있었던 것도 기존에 쌓아둔 공부 습관이 있어서다.

어떤 공무원 시험을 준비하는 수험생이 질문을 했다.

수험생: 너무 할 것이 많아 공부할 시간이 부족합니다. 어떻게 해야 할까요?
나:　　집이 어디시죠?
수험생: ○○○에 삽니다.
나:　　노량진(학원이 있는 곳)에서 집까지 왔다 갔다 하려면 1시간 정도 걸릴 텐데, 지하철 타고 다니면서 지하철에서 공부하세요.
수험생: 지하철에서도 공부해야 해요? 아, 다른 사람 눈치 보이는데….

나: 책 보는데 왜 눈치가 보여요?

이 수험생은 공무원 시험을 준비하기 전에는 이렇게 공부를 열심히 해본 적이 없다고 했다. 즉, 나와 걸어온 길이 다르다 보니 공부를 보는 눈, 생활습관 자체가 다른 것이다. 다시 말해, 같은 공부를 동일한 시점에 시작했다고 해서 다른 사람과 같은 출발선에 있다고 생각하는 것은 오산이다. 만약 당신이 투입 대비 성과가 나오지 않는다고 느낀다면, 다른 사람과 비교했을 때 같은 책을 보고 같은 강의를 들었음에도 점수를 올리는 데 시간이 더 오래 걸린다고 생각된다면 공부 자체보다 습관과 성향이 공부에 맞지 않을 가능성이 크다. 그럴 때는 공부를 해서 많은 양을 머릿속에 넣으려고 하기보다 공부하는 습관부터 잡는 것이 필요하다. 이것은 나무의 뿌리와 같다.

공부 잘하는 서울대생의 공통적인 특징

전공, 성별, 나이, 집안 환경과 무관하게 서울대학교 안에서도 공부 잘하는 학생들이 가지고 있는 공통적인 성향이 있다. 당장 어떤 공부를 하지 않더라도 다음의 특징이 향후 공부하는

데 도움을 줄 것이다.

목표 지향적이다

공부 잘하는 서울대생들은 공통적으로 목표가 명확했다. 즉, 내가 어떤 것을 하고 싶어 하는지를 명확하게 알고 있었다. 정확한 목표가 있고 치타가 사냥감을 쫓듯 거기에만 집중하는 모습을 많이 보았다. '이것도 하고 싶고 저것도 하고 싶고'가 없다.

내가 어떤 것을 하고 싶어 하는지를 확실하게 모르는 경우에도 지금 당장 어떤 것을 해야 할지 정확하게 알고 있었다. 예를 들어 내가 유학을 가서 교수의 길을 갈지, 아니면 대기업에 취직을 해야 할지 고민이 되는 상황이라고 해보자.

① 어떤 진로를 선택해야 할지 몰라 방황한다. 친구와 진로에 대한 고민을 나누며 게임하고 술 한잔한다.
② 고민이 되어도 지금 당장 내가 해야 할 것에 최선을 다하자. 과목마다 A+ 따둔다.

이 둘 중 보통의 경우는 ①을 선택하지만, 공부 잘하는 서울대생은 ②를 선택한다. 장기적인 목표가 아직 불확실하다고 해도 지금 당장 해야 할 목표를 빠르게 설정하고 그것을 향해 달려가는 행동을 한다. 실제로 서울대학교 학생 중에 앞서 나가는 경우는 빠르게 목표를 설정하고, 진로를 빠르게 설정하지 못하는 경우는 성과 측면에서 뒤처지는 모습을 보인다.

의외로 단순하다

공부를 잘하면 복잡하게 생각할 것 같지만, 그 반대다. 단순하게 생각한다. 반면 공부를 못하는 사람들이 훨씬 복잡하게 생각한다. 예를 들어보자.

- **수험생 A**: A선생님이 보라고 했던 것 계속 여러 번 봤고, 다시 헷갈리는 것만 줄여서 봤습니다.
- **수험생 B**: B선생님 책은 특정 파트 정리가 잘되어 있다고 해서 거기 좀 보다가요. 예전에 나왔다가 절판된 C교수님 책에서 이번에 한 문제 나왔다고 해서 도서관에서 찾아보고, D선생님 문제집 좀 풀어보다가⋯ 요즘 너무 살이 찐 것 같아서 피트니스센터 등록했습니다.

내가 수험생과 상담할 때 수험생 A처럼 말하면 '얘는 잘되겠구나'라는 생각을 내심 하게 되고, 수험생 B처럼 말하면 '시간이 오래 걸리겠구나'라는 생각을 하게 된다.

진로를 결정할 때도 마찬가지다.

- **수험생 A**: 이것 하기로 했습니다. 일단 열심히 한번 해보려고요.
- **수험생 B**: ○○회사는 제가 나이가 많아서 좀 어렵지 않을까요? 공무원 시험은 연봉이 너무 적은 것 같기도 해서 망설여지고, ○○공사 취직하려니 서울이 아니라 좀 그런 거 같고….

공부를 못하는 학생일수록 고려하는 변수가 많아지고, '사공이 많으면 배가 산으로 가듯' 점점 결정은 산으로 간다.

한계를 알고 있다

서울대학교에서 만난 친구의 이야기다. 고시 공부를 하겠다고 하며 여름방학 때부터 신림동에서 강의를 듣기 시작했다. 여름방학 2달간 열심히 수업에 빠지지 않고 듣더니, 개학하고 와서 "이 공부는 나와 안 맞는 것 같아. 고시 공부 안 하려고"라고 했다.

여름방학 동안 정말 열심히 공부하는 모습을 보았기에 갑자기 그만둔다고 하니 다소 의외였다. '그만둘 거면 뭐 그렇게 열심히 했지?' 하는 생각이 내심 들었기 때문이다. 고시 공부는 단기간에 많은 암기를 요구한다. 그 친구는 그런 공부 방식이 자신의 강점은 아니었던 것이다. 그래서 바로 포기하고 다른 길을 찾았다. 영어도 잘하고, 다른 방면에서 뛰어났던 그 친구는 미국변호사가 되어 로펌에서 활동하고 있다. 자신이 잘하는 부분과 못하는 부분을 잘 알고 잘하는 부분에 집중적으로 투자한 것이다. 못하는 부분, 즉 자신의 한계를 빠르게 알고 포기하는 것은 큰 능력이다. 자신의 상황도 생각하지 않고 일을 벌이는 경우가 거의 없다. 무리하지 않으면서도 확실하게 달성할 수 있는 계획을 세운다.

오히려 공부를 잘 못하는 사람들은 자신의 한계를 잘 모른다. 자신의 능력은 생각하지 않고, 시중에 나와 있는 모든 책을 보려고 하고, 모든 내용을 외우려고 한다. 그러다가 자신의 기대만큼 성과가 나오지 않으면(대부분의 수험생이 그 성과를 내기 어렵다), 스트레스를 크게 받는다. 나의 한계를 알고, 그 한계에 맞추어 대응 방법을 찾아야 성과를 낼 수 있다.

기억력이 부족하다고 힘들어하는 수험생과 상담할 때 매번 하는 말이 있다.

"우리가 공부할 때 꼭 기억해야 할 것이 있어요. 우리는 절대 모든 것을 기억하지 못합니다. 딱 필요한 것만 기억해야 해요. 그래서 필요한 것만 남기는 공부를 해야 합니다. 예를 들어봅시

다. 일에 바빠 공부를 못 하다가 어느 순간 시험 전날 저녁이 되었다고 생각해보죠. 어떻게 하실 건가요? 시험 포기할 건가요? 저는 실제 그런 적이 있습니다. 전날 저녁에 A4 용지를 반으로 접어 '이 한 장에 진짜 기억해야 할 것을 써보자. 그리고 이 한 장에 나오는 내용이 시험에 나오면 절대 틀리지 말자'라고 생각하며 마무리를 했어요. 그런 마음으로 정리하니 정말 핵심만 담아 시험을 볼 수 있었습니다. 그렇게 공부하니 중요한 것이 더 기억에 확실히 남더라고요. 그래서 더 시간을 많이 들여 공부했을 때와 비교해도 성과가 비슷하게 나왔습니다."

공부를 잘하기 위해서는 어떤 습관이 필요할까?

만약 당신이 몇 개월간 공부해야 하고 그 공부가 자신의 인생에 중요한 것이라면, 공부를 시작하기 전 반드시 다음의 공부 습관을 명심하고 시작해라. 그러면 같은 공부를 해도 효과가 달라지고, 오래 공부할 수 있다.

바른 생활 루틴을 만들어라

공부에 맞는 생활을 만드는 방법은 단순하다. 중요한 시점마다 무엇을 해야 하는지 자주 리마인드하면 의외로 하루 전체 생활 관리가 잘된다. 아침 7시 반 세수, 8시 반 자리에 착석, 11시 반 점심 식사, 1시 영어 단어 암기, 6시 저녁 식사 등 각 시점별로 반드시 해야 할 일을 정해둔다. 꼭 해야 할 것들 몇 개를 정확하게 지키면 나머지 시간은 알아서 관리가 되기 시작한다. 예를 들어 1시 영어 단어 암기로 정해두었다고 하자. 그러면 혹시 잠시 딴짓을 하더라도 1시에 영어 암기에 돌입하게 되고 자연스럽게 공부 모드로 전환이 된다.

이 방법을 적용해서 나는 2021년부터 무료로 오픈 카톡방을 운영하고 있다. 강사를 시작하면서부터 이 오픈 카톡방을 운영했는데, 그 이유는 루틴을 만드는 것이 학습에 아주 중요한 요소이기 때문이다. 오픈 카톡방에서는 매일 오후 1시에 연습문제를 업로드하고, 오후 9시에 공부와 관련된 명언을 올리는 것 이 두 가지 일을 한다. 오후 1시와 오후 9시에 루틴이 흐트러지지 않게 시점 관리를 해주는 것이다. 오후 1시에 올리는 문제는 복습용으로 활용할 수 있게 구성하여 20분 내외면 충분히 다 볼 수 있을 정도의 양이다. 또한 오후 9시에 올리는 문구는 읽는 데 30초도 걸리지 않는다. 즉, 시간이 그리 소모되는 일은 아니다. 하지만 이 두 가지로 인해 합격에 큰 도움이 된다.

실제 현재 3,000명이 넘는 수험생들이 이 오픈 카톡방을 이용하고 있고, 덕분에 뒤처지지 않고 꾸준하게 학습했다는 후기가 많다.

중요한 것은 시간 소모가 아니라 바로 매일 동일한 시간에 무엇인가를 하는 '시점'이다. 매일 동일한 시간에 무엇을 한다는 것이 쉬운 일이 아니다. 단 10분이라도 말이다. 바른 생활 루틴을 만들기 위해서는 자신의 상황에 맞추어 시점별로 매일매일 반드시 해야 할 일을 몇 개 더 추가해보라. 그러면 쉽게 효율적인 하루 루틴이 만들어질 것이다.

당신의 의지력보다 루틴에 의존하는 방식을 선택해라

내가 강연을 가면 공통적으로 나오는 질문 중 하나는 "공부할 때 의지력 문제로 오래 공부하지 못하는데 해결법이 궁금합니다"이다. 공부 자체를 하기 싫어하는 것으로 생각하다 보니 의지가 없으면 단 한 걸음도 나가기 어렵다고 생각하는 것이다.

당신의 의지에는 문제가 없다. 의지가 없는 사람도 없다. 매일 출퇴근하는 직장인, 야간자율학습까지 하며 공부하는 학생, 모두 의지 없이는 쉽지 않은 일이다. 당신의 의지가 없는 것이 아니라 상황 때문에 발생하는 것이다. 직장인이 되어 공부하겠다고 의지를 다져도 당장 너무 피곤한데 의지만으로 매일 이를 극복하는 것은 쉽지 않다. 오히려 덜 피곤한 생활 루틴을 만드는 것이 유리하다.

꾸준함은 의지에서 오는 것이 아니라 꾸준하게 생활할 수 있도록 관리해야 하는 것이라 생각한다. 오랫동안 꾸준히 공부할 수 있는 장치를 만들어라. 내가 직장생활을 하며 공부할 때, 피곤해서 공부하기 힘들었기에 가장 피곤하지 않은 시간대에 열심히 공부하는 루틴을 만들었다. 그래서 토요일이나 일요일 오전에 하는 루틴으로 공부를 했다.

또한 공부해야 하는 이유와 목표를 지속적으로 떠올렸다. 공부 잘하는 학생들은 목표의식이 명확하다. 정확한 목표가 있어야 공부를 하는 것이다. 무조건 '의지가 부족해서 공부가 안 된다'라고 생각하지 말고, 공부를 시작하기 전부터 의지력에 의존하지 않는 학습 루틴을 만드는 것이 좋다.

공부를 시작하기 전 배어있는 생활습관과 당신의 생각이 공부를 시작하기 전부터 결과를 결정할 수 있다는 사실을 명심하기 바란다.

세 번째 키워드 • 습관과 성향

공부에 맞는 MBTI가 있을까?

"선생님은 MBTI가 뭐예요?"라고 질문을 많이 한다. 아마 공부 잘하는 MBTI가 무엇인지 궁금해서 물어보는 것으로 보이는데, 실제 공부에 도움이 되는 MBTI가 있을까?

MBTIMyers-Briggs Type Indicator란 브릭스Catherine Briggs와 마이어스Isabel Briggs Myers가 연구개발한 성격 유형 지표로서 자기보고를 통해 개인이 선천적으로 갖고 태어난 심리적 경향성을 파악해보는 검사다.

MBTI의 네 가지 성격 유형 지표는 다음 표와 같다.

MBTI의 4가지 성격 유형 지표

외향성-내향성 (EI: Extroversion-Introversion)	① 에너지를 어디서 획득하고 관심이 어느 쪽에 있는가에 따라 E/I로 구분 ② 외향성(E)인 사람은 주로 외부 세계를 지향하기에 사교적·정열적·활동적이고, 내향성(I)인 사람의 에너지는 주로 자기 내부 세계를 지향하기에 조용하고 신중하며 수줍음을 잘 탐
감각-직관 (SN: Sensing-iNtuition)	① 정보를 수집하고 인식하는 방법에 따라 S/N으로 구분 ② 감각형(S)의 사람들은 실제 경험을 중시하며 자료에 근거하여 정확하게 일처리를 하고, 직관형(N)의 사람들은 육감에 의존하여 미래지향적, 창의적이며 비약적으로 일처리를 함
사고-감정 (TF: Thinking-Feeling)	① 판단을 내리고 의사결정을 하는 과정에서 논리적 결과와 개인적 가치 중 어디에 근거하여 결정을 내리는지에 따라 T/F로 구분 ② 논리적이고 분석적인 사고형(T)과 상황적이고 예술적인 감정형(F)으로 나눔
판단-인식 (JP: Judging-Perceiving)	① 외부 세계를 받아들이거나 외부 세계에 자기를 보여주는 과정에서 주로 나타나는 기능에 관한 것 ② 채택한 생활양식에 대해 사전계획하고 체계적인 판단형(J)과 자율적이고 융통성 있는 인식형(P)으로 나눔

경희대학교 신경정신과에서 진행된 연구가 있는데(장재순·황웨이완·조승훈, 〈한국 의대생의 성격 유형과 학업 성취도의 관계〉), 한국 의대생의 마이어스-브릭스 유형 지표MBTI 성격 유형과 학업 성취도의 관계를 알아본 결과, 총 97명(남성 57명, 여성 40명, 24세에서 36세)의 의대생의 경우 성격 유형과 학업 성취도는 다음 표와 같았다.

한국 의대생의 성격 유형 비율

외향성(E) 33.0%	내향성(I) 67.0%
감각(S) 70.1%	직관(N) 29.9%
사고(T) 58.8%	감정(F) 41.2%
판단(J) 54.6%	인식(P) 45.3%

이 연구에서 내린 결론은 아래와 같다.

① 가장 흔한 성격 유형은 ISTJ(22.7%)였으며, ISTP(13.4%), ISFJ(12.3%)가 그 뒤를 이었다.
② 학업 성취도는 감각(S)-직관(N), 판단(J)-인식(P)의 성격 유형과 유의한 관련이 있었다.
③ 감각(S)과 판단(J) 유형의 학생은 직관(N)과 인식(P) 유형의 학생보다 학업 성취도가 더 높았다.

내 경험상으로도 전반적으로 ISTJ가 ENFP보다 우리나라 시험공부를 하기에는 유리하다고 생각한다. 그렇지만 결정적인 요인이라고 생각하지는 않는다. 위 연구에서도 외향성(E), 감정(F), 인식(P) 등의 비율이 낮은 편이 아니다. 즉, 특정 성격(성향)이 모든 공부 잘하는 사람에게 공통적으로 나타나는 것은 아니기 때문에 특정 MBTI가 있어야 공부를 잘하는 것이라고 결론을 내리기는 어렵다고 생각한다.

    내 수업 시간에 종종 학생들과 MBTI에 대해 이야기를 나누어봐도 ISTJ의 성향을 가진 사람이 많은 편은 아니었고, ISTJ가 아니더라도 시험에 잘만 합격했기 때문이다. 위 연구 결과에서도 자기효능감, 전공 만족도, 학습 동기 등이 MBTI보다 성취에 더 강한 영향을 주었다고 하니, MBTI가 다른 요인들보다 더 큰 영향을 주는 것은 아닌 것으로 보인다. 오히려 자신의 성격을 정확하게 알고 잘 대처해나가는 것이 보다 중요하다.

외향성-내향성

외향적인 사람은 사교적이고 활동적이라 직장생활을 하는 데 큰 도움이 되지만, 공부는 혼자 하는 것이다 보니 내향적인 사람에 비해 외향적인 사람이 공부하면서 더 답답함을 느낄 가능성이 크다. 실제 상담을 해보면, 모임을 많이 하고 활동적인 수험생들이 공부할 때 더 답답함을 호소했다. 그런 경우에는 차라리 한 달에 한두 번 친구들과 정기적으로 모임을 가지는 것이 좋다. 내향적인 경우는 답답함을 호소하는 경우는 적지만, 혼자 오래 공부하다 우울증이 오는 경우가 많다. 내향적인 사람일수록 수험기간을 길게 가져가는 것을 주의해야 한다.

감각-직관

시험공부에서는 자기 객관화가 중요하다. 자기 객관화란 자신의 생각, 감정, 행동을 마치 제3자의 시각에서 바라보듯 객관적으로 평가하고 분석하는 능력을 의미한다. 현재 나의 상황을 정확하게 알기 위해 자기 객관화를 하려면 자신의 현재 위치를 점수와 같은 정확한 자료를 기반으로 판단해야 한다. 아무런 근거 없이 '앞으로 좋아지겠지, 실제 시험장 가면 점수가 잘 나올 거야'와 같은 기대는 시험에서 의미가 없다. 직관(N) 유형의 경우 창의성·융통성 강점은 있으나 학점 평균에는 불리하게 나타나는 경향이 있다고 한다. 만약 자신이 직관(N) 유형이라면, 보다 자신을 객관적으로 평가할 수 있는 상황에 많이 노출시키는 것이 좋다. 이를테면 학원에서 시행하는 모의고사에 많이 응시해서 계속 자신을 객관적으로 보려는 노력을 하는 것이 중요하다.

사고-감정

시험은 논리적인 분석 능력을 필요로 하는 경우가 많다. 따라서 논리적이고 분석적인 사고(T) 유형이 전반적으로 유리하다. MBC 〈공부가 머니?〉 프로그램에서 수능 만점자 8명의 MBTI를 분석한 결과 이들 중 감정(F) 유형은 없었다고 한다. 하지만 단점도 있다. 사고(T) 유형은 논리적이지 않으면 판단을 망설이는 경우가 있어서 시험장에서 잘 모르는 내용이 문제로 나왔을 때 많이 당황하고 고민하면서 시간을 보내기도 한다. 반면 감정(F) 유형은 전체적인 문제의 뉘앙스를 읽어내고 답을 잘 찾아내기도 해서 시험이 예상보다 어렵게 나왔을 때 빛을 발할 수 있다. 하지만 공부를 할 때는 논리적으로 정확하게 판단하는 능력이 필요한 만큼, 감정(F) 유형의 경우 문제 연습을 더 많이 해서 논리적으로 판단하는 연습을 해두는 것이 좋다.

판단-인식

시험은 얼마나 계획성 있게 공부하느냐가 중요하다. 대학 입시든, 자격증 시험이든 몇 달에서 몇 년간 공부해야 하기에 계획을 세우지 않고는 공부하는 것이 불가능하다. 따라서 계획성이 있는 판단(J) 유형의 사람이 더 긴 공부를 하는 데 유리한 성격이다. 의대생의 경우에도 상당 기간을 공부해야 하기에 계획성 있는 쪽이 유리하지 않을까 생각한다. 인식(P) 유형의 사람일수록 계획을 세워 공부하는 것을 지겹게 생각하는 경우가 많다. '언제 이걸 다 해요?'와 같은 심리가 강하게 작용하는데 인식(P) 유형인 사람일수록 수험기간이 짧은 시험을 선택하는 것이 좋다.

세 번째 키워드 * 습관과 성향

당하고 고칠래, 그냥 고칠래?

"선생님 공부를 해야 하는 것은 알겠는데 아무리 공부하려고 해도 의지가 생기지 않습니다"라고 말하면, 나는 "제대로 후회하고 공부하실래요, 아니면 지금 바꾸려고 노력하실래요?"라고 대답한다. 조금은 농담처럼 하는 말이긴 하지만, 뼈가 있는 농담이다.

공무원 시험을 준비하는 수험생들의 경우 실제 2번 준비하는 경우가 많은데, 처음 대학교 다닐 때 어정쩡하게 공부하다가 사기업에 취직한 후 직장생활을 하다 그만두고 다시 공무원 시험을 준비하는 것이다.

① 학교를 다니며 시험을 준비하는 경우

② 기업에서 일하다가 그만두고 시험을 준비하는 경우

이 둘 중 어느 경우가 훨씬 더 의지가 높을까? 예상했을 것이지만, 두 번째다. 사람의 의지와 같은 마음가짐도 이전에 어떤 경험을 했느냐가 크게 좌우한다. 실제 수험생 A와의 상담 사례다. 수험생 A도 대학생 시절 처음 공무원 시험을 준비했을 때는 대충 공부했다고 한다. 그때는 '그냥 한번 해볼까?' 하는 마음에 공부를 시작했고, '공무원 월급도 별로 안 되는 이런 직업을 하는데 뭐 이리 많은 공부를 해야 해?'라는 반발심이 들어서 어영부영 공부했다고 한다. 당연히 높은 점수는 받기 어려웠고 1년 정도 공부하다 그만두고, 작은 기업에서 인턴을 한 후 취업했다고 한다.

"작은 기업에서 일해보니 여기서 오래 일은 못 하겠다 싶어 다시 공무원 시험 준비를 했습니다."

다시 공부를 시작했을 때는 시작부터 달랐다고 한다. 최대한 철저하고 꼼꼼하게 공부했고, 하루 10시간씩 공부하는 것에도 크게 불만을 가지지 않았다고 한다. 소모되는 일을 하느니 공부하는 게 차라리 낫고, 꼬박꼬박 급여 나오고 일을 하면 할수록 사회적 지위가 올라가는 공무원이 꽤 괜찮은 직업이라고 생각을 바꾼 이후 공부를 하니 훨씬 열심히 하게 되었다는 것이다.

같은 사람이 같은 공부를 해도, 생각의 차이에 따라 완전히 공부 방식과 노력의 정도는 달라진다. 과연 공부의 의지가 이래도 단순히 타고난 문제라고 할 수 있을까? 결국 의지라는 것도 지금까지 걸어온 자신의 삶과 나의 생각이 큰 영향을 주는 것이다.

공부 방법도 마찬가지다. 효율적이지 않은 공부 방법을 끝까지 고집하는 수험생이 있다. 아무리 아니라고 말을 해도 바꾸지 않는다. '시험에 맞지 않는 생활 패턴 & 절대 바꾸지 않으려는 자신의 고집'이 환상의 콜라보를 이루며 자신의 노력을 쓸모없는 것으로 만든다.

특히 포기하지 못하는 병 같은 습관이 하나 있는데, '무턱대고 열심히 공부하면 점수가 높아질 것이라는 기대'가 바로 그것이다. 아니라고 말해도 절대 포기하지 못한다. 그 이유는 간단하다. 열심히 해야 한다는 믿음이 너무 강하고, 적게 하면 불안하니까 무조건 많이 하고자 하는 생각에서 나온 공부 방법이다.

실제 공부 상담을 해보면, 무조건 많은 양, 많이 보는 것에만 집착하는 경우가 많다.

"많은 양도 중요하지만, 정확한 내용을 얼마나 잘 정리하느냐가 더욱 중요합니다. 무조건 양에 집착하지 마세요."

그렇게 해서는 점수가 올라가지 않는다고 말을 해도 믿지 않고 그 방법을 고집한다. 이것은 바로 공부를 대하는 성향의 문제라고 생각한다. 아무리 좋은 방법을 알려주어도 그 방법을 쓰지 않는 것이다. 객관적으로 들어보고 그것이 옳다면 바꿀 줄 아는 성격을 지녔는지가 공부의 효율성을 결정한다. 이런 경우에는 결국 당하고 나서야 공부 방법을 바꾸는 경우가 많았다. 그것도 한 번이 아니다. 여러 번 당한 이후 다시 찾아와서 상담하고 그제야 바꾸는 경우가 정말 많다.

실제 공부 방법을 바꾸고 난 이후 다음과 같은 내용의 합격 수기를 남긴다.

"고질병 같은 행정학 선생님 잘 만난 덕분에 올해 국가직과 지방직에서 고득점을 할 수 있어서 감사드립니다. 작년 시험에서는 65점이라는 처참한 점수였기에 더 소중합니다. 심지어 65점이라는 점수가 2,000문제를 5~10번 반복해서 공부하고 난 이후 받은 성적이라는 것이죠. 공부법이 단단히 잘못된 것이라는 것을 이제야 깨달았습니다. 이게 다 형재 쌤 만나 바로잡은 덕분입니다."

결국 의지력이라는 마음과 효율적인 공부라는 것도 내가 살아온 길과 내 성격과 태도에 따라 달라지는 것이다.

세 번째 키워드 * 습관과 성향

의지력을 높이는
현실적인 방법

노량진에서 내 수업을 듣던 어떤 수험생의 이야기다. 이 수험생은 몇 년간 직장생활을 하다 공무원 시험을 준비하는 수험생이었다. 처음에는 학원 수업에 잘 참석했지만, 지각을 하더니 점점 나오는 일수가 줄어들었다. 오랜만에 수업을 나온 그 수험생에게 쉬는 시간에 내가 먼저 말을 걸었다.

나: 공부 잘되어 가나요?
수험생: 아, 예~ 열심히 하고 있습니다.
나: 요즘 왜 자주 수업 빠졌어요?
수험생: 늦게 일어나서 아침 수업을 계속 빠지게 되었습니다.

나: 직장생활할 때도 9시까지 출근했었잖아요. 그때처럼만 9시 수업 오시면 됩니다. 직장생활할 때처럼만 공부하세요. 오전 9시부터 오후 6시까지만 매일매일 꾸준히 공부하면 돼요. 예전에 직장생활했던 그 루틴 잃지 마세요.

직장을 다닐 때의 의지력 정도만 있으면 공부를 할 수 있는데, 공부할 때는 오전 9시에 출근하던 그 의지력이 나오지 않는 것이다. 그 수험생은 9시까지 회사에 출근하던 그 의지력이 왜 공부할 때는 나오지 않는 것일까?

사실을 '인지하는 것'과 그로 인해 '마음이 움직이는 것'은 전혀 다른 일이다. 마음이 움직이지 않는데 행동의 변화가 일어날 수 없다. 결국 공부하고 있는 현재의 상황을 인지하는 수준이 아닌 꼭 해야 한다는 마음이 생겨야 하는 것이다. 반면 단순히 공부해야 한다는 것을 아는 것, 인지하는 것을 넘어 정말로 공부의 필요성을 납득해야 내 몸이 움직인다.

그 수험생과 더 깊이 있는 대화를 나누어보았다.

나: 왜 일찍 오지를 못하나요?

수험생: 늦게 잠을 자다 보니 아침에 일어나기 힘듭니다.

나: 일찍 왜 못 자나요?

수험생: 이것저것 하다 보니….

나: 뭐 하는데요?"

수험생: 그냥 이것저것이요.

더 상담을 하고 나서 든 생각은 의지력의 문제가 아니라,

① 시험에 합격 못 할 수도 있는데 굳이 열심히 할 필요가 있을까 하는 회의감
② 당장 지금의 현실을 도피하고 싶은 마음

이 두 가지 마음이 자꾸 공부를 멀리하고 싶었던 것이다. 그 수험생의 의지력은 충분하다. 이미 몇 년간 회사생활을 할 정도의 의지력이면 공부하는 데 부족함이 없는 수준의 의지력이다. 다만 그 의지력이 나오지 않는 것이다. 과연 내가 합격하지도 못할 것에 내 노력을 넣고 있지 않나 하는 불안감이 공부의 필요성을 스스로 납득하는 데 장애가 된 것이다.

이 수험생은 결국 어떻게 되었을까? 일단 시험에 여러 번 탈락하는 아픔을 경험했다. 다른 취업 자리를 찾아보려고 했으나 여의치 않아 계속 공무원 시험 준비를 했다. 하지만 역시 회의

감과 현실도피 심리로 마음을 잡지 못했다. 그렇게 몇 년 방황하다 직장생활을 하며 모아둔 돈을 모두 까먹었고, 부모님의 도움을 받아 생활하다가 부모님도 더 이상 지원해주기 어렵다는 말을 듣게 되었다. 그 상황까지 오니 마음이 급해졌다. 시험을 몇 개월 앞두고 '이번에는 꼭 합격해야 한다'고 생각하며 허겁지겁 공부를 열심히 하기 시작했고, 좋은 결과를 얻게 되었다. 진작 급하게 마음먹었으면 합격했을 시험을 몇 년간 끌다가 합격한 것이다.

의지를 가지고 공부를 열심히 하자고 다짐하는 것보다 중요한 것은 의지력을 가지는 상황을 만드는 것이다. 다음의 내용을 참고해서 의지력을 가질 수 있는 상황을 만들어보자.

정확한 목표물이 있으면 빠르게 집중할 수 있다

목표를 정확하게 설정해라. 언제까지 무엇을 달성할 것인지 정해라. 정확한 목표물을 정할 때 유의할 사항이 있는데, 달성 가능한 수준에서 목표를 설정하고 그것이 좋다는 생각을 계속하는 것이 좋다. 나도 직장생활을 하며 공부할 때는 내가 준비하는 시험이 꼭 필요하다는 생각을 매일 했다. 진짜 좋은지 여부가 중요한 것이 아니다. 일단 시작한 것이라면 성공적으로 끝을 내기 위해 필요한 마음가짐이 중요하다. 명확하고 좋다는 신호를 계속적으로 보내라. 그러면 집중력은 자연스럽게 올라간다.

예열을 통해 자신감을 높이자

합격 확률이 높다고 생각해야 공부할 의지가 생긴다. 대부분 상담을 해보면, 의지력이 약한 사람의 대부분은 '내가 합격할 수 있을까?' 하는 의문을 내심 가지고 있는 경우가 많았다. 그 의문을 떨쳐낼수록 의지력이 높아진다.

어느 날 온라인으로 상담을 받았다던 수험생 C가 합격 인사를 오겠다고 했다. 찾아와서 대뜸 하는 말이 "될 수 있다고 말씀해주셔서 합격할 수 있었습니다"였다. 수험생 C는 6개월 전 나와 온라인으로 상담을 했었다. 나는 그 친구의 다른 상황은 잘 몰랐고, 공부한 내용과 현재의 상황을 보고 '합격할 가능성이 높다'고 진단해주었다. 그런데 그 진단이 정말 큰 도움이 되었다는 것이다. 수험생 C는 '자신이 합격하기 어려울 것이라고 판단해' 사실상 자포자기 상태에서 상담을 했다고 한다. 그런데 될 수 있다는 말에 6개월 신나게 공부하게 되었고, 결국 상당히 좋은 점수(그 지역에서 1등)로 합격할 수 있었던 것이다.

    합격 가능성에 대한 믿음이 의지력을 결정한다. 그래서 나는 늘 상담할 때 "자신 있어 하는 과목부터 공부하세요"라고 말한다. 이것이 합격의 예열이다. 합격을 위한 시동을 거는 것이다. '될 것 같은데?'와 같은 생각이 머릿속에 계속 맴돌 수 있도록 해야 한다.

세 번째 키워드 * 습관과 성향

잡념을
줄이는 방법

"요즘에 공부만 시작하면 과거에 안 좋았던 일, 부끄러웠던 일, 이불킥할 만한 잡생각이 자주 나요. 평소에는 생각이 나지 않는데 공부만 시작하려고 하면 잡생각이 계속 나요. 이럴 때는 어떻게 하면 좋을까요?" 이런 질문을 자주 받는다.

나도 공부할 때 그런 적이 많았다. 공부만 하려고 하면 자꾸 고백했다가 차인 '흑역사'가 떠올랐다. 공부만 하면 머리는 흑역사만 따로 추려서 생각나게 하는 '흑역사 자동 활성화 기능'이 있는 것처럼 생각이 나곤 했다. 잡념을 완전히 없앨 수는 없고, 잡념이 없는 사람은 없다. 잡념은 어제 친구랑 대화했던 것부터 어린 시절 추억까지 그 종류도 다양하고, 꼬리를 물고 내용이 이어져서 잡념을 따라가다 보면 시간이 몇십 분씩 지나 있기도 한다. 공부를 잘하든 못하든 모든 사람은 잡념이 생긴다. 잡념 자체가 생기는 것은 자연스러운 현상이다.

'그런데 나는 유독 왜 잡념이 많이 생길까?'

이것은 공부 외적인 생활과 관련이 있을 가능성이 크다. 상담을 해보면, 집중을 못 하고 딴생각에 빠지는 경우가 많은 사람은 공부 외적 생활에서 고민이 많았다. 부모님과의 다툼, 이 공부가 내 길이 맞는지에 대한 확신 부족, 주말에 사교모임을 다녀온 추억의 잔상 등 공부 외적으로 생각나는 것이 많다 보니 잡념이 많이 생기는 것이었다. 반면 공부를 잘하는 주변 친구들을 보면, 일상생활 자체가 무탈하다. 별일이 없다.

생활을 단순화하자

잡념은 남아있는 기억의 조각들이다. 구내식당에서 밥 먹은 일과 같은 일상적인 기억이 잡념이 되지는 않는다. 나의 뇌에 친구와의 다툼과 같이 충격적인 기억이라면 더 많이 떠오르고 잡념이 더 심해질 것이다. 잡념을 줄이려면 생활이 심심해져야 한다. 전날 음악이 크게 나오는 술집에서 내가 정말 보고 싶었던 사람들과 몇 시간 동안 큰 소리로 대화하며 즐겁게 지냈다면 그 기억의 잔상이 남게 되는 것은 당연하다. 이는 잡념으로 이어질 수밖에 없다. 조금 더 생활을 평탄하고 단순하게 관리해서 기억의 충격을 줄일 수 있도록 노력해야 잡념을 줄일 수 있다.

그렇다고 해서 모든 잡념을 끊어낼 수 있는 것은 아니다. 집중은 보통 주위 환경에서 무엇인가를 선택해서 그것에 주의를 기울이는 능력이고, 잡념은 집중을 방해하는 요소다. 공부할 때 잡념이 떠오르면 그것을 끊으려고 노력해야 한다. 내가 공부하면서 썼던 몇 가지 팁을 소개한다.

생각이 날 때마다 끊어내기

어떤 생각이든 떠오르면 계속 생각하게 된다. 생각이 날 때마다 바로바로 끊어내야 한다. 이런 식으로 생각을 끊어보자. 이것은 의식적인 노력이 필요하다.

첫째, 잡념으로 바뀐 모드를 다시 공부로 전환한다. 잡념 모드로 생각이 넘어갔다면, 다시 어디를 공부하고 있었는지부터 환기해본다. 잠시 딴생각을 했다면 '지금 어디 하고 있었더라?'와 같이 현재 공부하고 있었던 위치를 다시 상기시킴으로써 주의를 공부로 돌린다. 둘째, 잡생각이 날 때마다 잡념으로 생각이 넘어가지 않도록 하는 행동을 만들어본다. 나 같은 경우에는 머리를 흔들면서 잡념의 흐름을 끊었다. 또는 "자, 집중! 집중!" 하고 소리를 내며 주의를 환기하는 것도 좋다.

작은 목표로 쪼갤 것

잡념이 많이 생기는 날도 있다. 이런 날은 다른 날보다 목표와 공부 시간을 쪼개 계획을 세우는 것이 좋다. 집중이라는 것은 한곳에 몰입하는 것이고, 몰입을 잘하려면 목표했던 것만 생각날 수 있게 해야 한다. 이때 목표는 구체적이고 노력하면 바로 달성할 수 있는 것이면 좋다. 하루의 계획을 좀 더 세분화해서 20~30분 동안 공부할 목표를 만들어보자. 그 공부 목표가 달성되면 또 작은 목표를 설정한다. 너무 오래 앉아있지 말고, 휴식 시간의 주기를 줄여서 한 가지 목표가 달성되면 잠시 쉬고, 다시 작은 목표를 설정해 달성하는 방식으로 집중력을 높여나가는 것이 잡념을 극복하기에 좋다.

습득 방식 변경

한 가지 방법이 지루해지면 잡념이 생기기도 하니 다른 방식으로 공부하는 방법에 변화를 주는 것도 좋다. 앉아서 공부하던 것을 일어서서 한다든가, 독서실이 아니라면 소리 내어 읽는 방식으로 공부를 해보자. 손으로 쓰며 공부하는 것도 좋은 방법이다. 실제로 나는 집중이 잘되지 않는 날에는 여러 과목을 번갈아가며 공부한다.

공부는 잡념이 생겨 잘되지 않는데, 유튜브 쇼츠를 보면 시간 가는 줄 모르고 볼 수 있다. 요즘 상담을 해보면, 딴 곳으로 빠지는 1위가 쇼츠다. 그렇게 잡념으로 공부를 못 하겠는데, 쇼츠를 볼 때는 왜 잡념이 생기지 않을까?

공부도 짧고 굵게 해야 한다. 요즘은 길고 자세하게 적힌 기본서와 같은 교재보다 1/10로 줄인 핵심 정리 교재들을 훨씬 선호한다. 짧게 보고 빠르게 습득하고 싶은 것이다. 그래서 나도 기본서를 없애고 강의도 80~90분에서 10~15분 강의로 바꾸고 있다. 짧게 보면 확실히 집중도가 높아지고 습득이 잘된다고 한다. 거기에 다시 공감이라는 포인트를 넣어야 한다. 당신이 공부에 집중하려면 공감을 이용해야 한다. 학습하는 내용을 생활 밀착형으로 만들어야 한다. 나는 행정학 강의를 하고 있지만, 행정학의 내용을 모두 생활 밀착형으로 설명하고 있다. 예를 들어 총사업비 관리 제도라는 것이 있다. 총사업비 관리란 각 중앙관서의 장이 완성에 2년 이상이 소요되는 사업으로서 대규모 사업에 대하여는 사업 규모, 총사업비 및 사업기간을 정하여 미리 기획예산처 장관과 협의하도록 하는 제도이다. 무슨 말인지 어렵다. 쉽게 생각하면, '부부 사이에서 배우자가 할부 2년 이상 들어가는 값비싼 물건을 사려면 상대 배우자에게 허락 받아야 한다'는 것을 의미한다. 일상생활에 대입하면 쉬워진다. 나의 생활에 공감할 수 있는 포인트를 중간중간에 넣어두면 훨씬 집중이 잘된다.

만약 내가 집중력이 계속 흐트러지고 잡념이 계속 생긴다면 짧고 굵게, 그리고 공감을 넣어 학습 내용을 만들어가기 바란다. 공부에 자신을 맞추지 말고, 잡념을 줄이는 공부 방법을 만들어나가는 것이 더 효율적이다.

세 번째 키워드 * 습관과 성향

방법과 기술이
의욕을 만든다

의욕과 의지는 어디에서 오는 것일까? 내가 될 수 있다는 생각이 들 때 하고 싶은 마음이 생긴다. 그래서 시작점이 중요하다. 실제 상담을 해보면, 공부를 열심히 하지 않게 되는 가장 큰 이유 중 하나가 재미를 느끼지 못해서다. 그러면 재미는 왜 느끼지 못하는 것일까? 공부의 필요성을 알지만, 성과가 나오지 않으니 재미를 느끼지 못하는 경우가 많았다. '어차피 해봐야 합격할 것 같지도 않은데 열심히 할 필요가 있을까?' 하는 마음에 재미가 붙지 않는 것이다. 반대의 경우도 꽤 있다. 의외로 공무원 시험에 합격한 수험생 중 공부를 놓지 못하고 계속 공부하는 경우가 있다. 한 번 합격하는 맛을 보면 그 맛을 또 보고 싶어서 다른 공부를 하게 되는 경우다. 실제로 9급 공무원 시험에 합격한 이후 다른 자격증 시험이나 7급 공무원 시험에 도전하는 경우가 꽤 많은데, 바로 성과에 대한 재미가 붙어서다.

공부 과정 자체에 재미를 느끼는 사람은 별로 없다. 시험공부는 더더욱 그렇다. 결과를 내야 하는 일은 압박을 받기 때문이다. 책 읽는 것이 취미인 사람도 시험을 위한 공부를 하기 위해 책을 보는 것은 재미가 없다. 마치 재미로 게임을 하는 것과 프로게이머가 되어 게임을 하는 것이 다른 것과 같다. 따라서 시험을 위해 공부하는 것이라면, 공부의 과정 자체가 재미있을 것이라 기대해서는 안 된다.

성과를 통해 흥미를 높이고 공부 의욕을 높여야 공부를 할 수 있다. 그래서 학습 초반이 중요하다. 학습 초반에는 성과를 내기가 어렵다. 하지만 공부를 하지 않던 사람이 공부를 하게 되면 묘한 기대감을 가지게 된다. 방금 택배로 물건을 주문하면, 주문하자마자 배송이 오기를 기대하는 마음과 비슷하다. 내가 공부를 시작했다는 것 자체에 어떤 성과가 나오기를 기대하지만, 공부를 시작했다고 바로 성과가 나올 가능성은 거의 없다. 공부를 해본 사람들은 전 과정을 알기에 어떤 방식으로 생각해야 하는지를 알지만, 공부를 제대로 해보지 않은 사람들은 공부 초반의 기대심리에 의욕을 잃게 된다. 그래서 공부를 마라톤에 많이 비유한다. 마라톤은 초반 스퍼트가 중요하지 않다. 레이스 초반에는 페이스 유지를 하고, 뒤로 갈수록 스퍼트를 올리는 것이 중요하다. 공부를 처음 해보는 사람들이 레이스 초반에 조금 뒤처지면, '내가 달리기(마라톤)에 소질이 없구나'라고 생각하고 중간에 그만두는 것과 같은 심리라고 생각하면 된다.

공부 초반 조바심 내지 않기

'더 잘해야 해, 다 외워야 해'라고 생각하며 조바심을 내다 보니 그렇지 못한 자신을 보며 실망하고, 자책하다 스스로 지쳐서 중간에 포기하는 경우가 많다. 공부를 시작했다가 조바심과 압박감을 견디지 못하고 중간에 포기한다. 그러다 일정 기간 후 '다른 친구들은 취업했다던데 뭐라도 해야 한다' 싶어 다시 시작하지만, 늦어졌다는 생각에 더 압박감을 가지게 되고 또 중간에 포기하게 된다. 이런 과정을 몇 번 반복하다 보면 의욕을 잃게 된다. 실제로 이런 경우가 많은데, 내가 상담할 때 늘 하는 말이 있다. "처음부터 너무 잘하겠다고 생각하지 마라"이다.

"처음부터 다 정확하게 숙지해야 한다고 생각하지만, 그런 사람은 거의 존재하지 않아요. 사실 무엇이든지 3번 정도는 봐야 이제 '아, 이런 거구나' 하는 생각이 듭니다. 즉, 어떤 내용을 학습하는 데 3번은 봐야 감을 잡을 수 있어요. 그런데 처음부터 완벽하게 숙지 및 암기하려고 하니 스트레스를 받을 수밖에 없죠."

지금 당장 기억이 잘 나지 않는다고 의욕을 잃을 필요도 없다.

"3달 전에 점심 뭐 먹었는지 기억나나요? 아마 기억 안 나실 거예요. 그게 정상입니다. 우리는 원래 한번 지나친 것을 오래 기억할 수 없어요. 오랫동안 자주 생각하고 자주 봐야 기억이 나게 됩니다. 그러니 지금부터 걱정하지 마세요."

실제 상담할 때 이렇게 말을 해주면, 힘들었던 마음이 많이 풀린다고 한다. 풀렸던 마음이 공부를 이어갈 수 있게 한다. 불안과 걱정이 커질수록 마음을 편하게 가져야 한다. '처음부터 불가능한 것을 나에게 요구한 것은 아닐까' 하고 생각해야 한다. 아마 그랬을 가능성이 크다.

중간부터는 성과를 내는 전략 활용하기

공부 중반 이후부터는 성과가 나와야 한다. 초반에는 성과가 나지 않아도 위로를 할 수 있지만, 공부 중후반이 되면 성과를 내야 의욕을 유지할 수 있다. 따라서 성과를 빠르게 내는 공부 방법을 통해 공부의 성과를 지속적으로 만들어나가야 한다.

시험은 막판으로 갈수록 중요하다. 시험공부라는 것이 결국 기억이 나야 답할 수 있는 것이기에 막판으로 갈수록 내용을 이해하는 것보다 암기하는 것이 더 중요하다. 만약 공부가 예상만큼 빠르게 진행되지 않는다면 차라리 많이 외우는 것이 좋다. 당장 외우면 성과가 나오고, 성과가 나오면 계속 공부할 힘이 생기기 때문이다. 시험공부의 최종 목표는 '득점을 하는 것'이다.

최대한 때려 박아라

공부를 할수록 중요한 것은 '이해보다 암기'다. 냉정하게 말해 여러 번 본 후 이해하지 못한 내용은 시험 날까지 이해가 될 것이라는 보장이 없다. 차라리 많은 양을 일단 암기하는 것이 득점에 유리하다. 공무원, 자격증 시험 과목들은 대부분 대학에서 배우는 전공과목이다. 행정학, 경제학의 경우 대학교 1~4학년 동안 배우는 내용을 골고루 모두 물어보는데, 1~2년이라는 짧은 시간 안에 여러 시험과목의 내용 하나하나 모두를 이해한다는 것은 현실적으로 어렵다고 보면 된다.

수험기간 중 초반에는 어느 정도 개념 이해를 위해 시간을 투자할 필요가 있다. 하지만 어느 정도 시간이 지난 이후에는 더는 이해해보려는 노력은 하지 않는 것이 수험적으로 유리하다. 차라리 시험에 나올 것을 통째로 외우는 것이 효율적이다. 그러면 당장 성적이 오르기 때문에 공부할 의욕 측면에서 훨씬 유리하다. 시험 날이 임박할수록 이해해보겠다고 도서관에서 자료를 찾아보고 여기저기 물어보는 데 소중한 시간을 낭비하기보다 하나라도 더 많은 양을 암기하려는 노력이 필요하다.

약한 파트를 보완하라

결과가 나오려면 약한 파트가 없어야 한다. 몇 달 공부를 하면 잘하는 과목과 약한 과목, 한 과목 안에서도 자신 있는 파트와 계속 틀리는 파트가 나누어지게 된다. 약한 파트를 잘 보완해야 성과가 나온다. 현재 나는 오픈 카톡방을 통해 1년 내내 학생들에게 연습문제를 무료로 제공하고 문제 푼 내용을 '이형재 행정학&공부법 네이버 카페'에 인증하도록 하고 있다. 학습 인증한 내용을 통해 자주 틀리는 문제를 살펴보면, 공부하는 사람들 대부분이 약한 파트가 유사하고, 약한 파트는 계속 약한 경향성을 보인다. 즉, 틀리는 문제는 계속 틀린다는 의미다.

성과를 내려면 바로 이 부분을 보완해야 한다. 약한 파트를 제대로 보완하지 못하는 가장 큰 이유는 ① 내용 자체가 나에게 어렵다 보니 공부하기 싫어서 공부하는 것을 계속 미루었거나, ② 생소한 단어들이 많이 나오는데 자주 보지 않아서 약한 상태로 남게 된 것이다. 쓴 한약이 몸에 좋듯, 공부하기 쓰디쓴 내용이 당신의 합격 길을 열어준다는 사실을 명심하자. 약한 파트가 보완되지 않으면 결국 공부의 의욕을 잃어버리는 것을 많이 보았다. 그래서 수험기간 중반 이후부터는 약한 파트를 보완하려는 노력을 해야 공부 의욕을 유지할 수 있다.

무엇이든 확실하게

상담을 해보면, 대충 공부한 후(자신은 열심히 공부했다고 생각하고 있지만) 점수가 나오지 않자 실망하고, 공부를 그만두려는 경우를 많이 본다. 꼼꼼하게 뜯어보면 수업 시간에 모두 설명했던 내용을 놓친 것임(수업을 제대로 듣지 않았음)에도 자신의 능력 부족만을 탓하고 공부가 적성에 맞지 않다고 푸념한다. 수업을 제대로 듣고 암기만 했어도 풀 수 있는 문제임에도 대충 공부하고 틀려놓고 의욕을 잃는 것이다.

공부할 때는 일단 시작했다면 확실하게 하는 습관을 들여야 한다. 내가 시험장에 갔을 때 자주 겪는 경험이다. 정말 제대로 외웠다고 생각했던 내용도 막상 시험장에서는 '내가 제대로 기억하고 있나?' 하는 의심병이 도지게 된다. 그 의심병은 수험생이라면 가지는 불안감에서 비롯된 것이다. 실제 시험장에 가면 꼭 맞혀야 한다는 생각에 돌다리도 두들겨보고 건너게 된다. 돌다리를 두들기다가 갑자기 자신감이 떨어지면 내가 잘 알고 있던 것도 헷갈리는 부작용이 발생하기도 한다. '정말 내가 알고 있는 것이 맞을까?' 하는 생각이다.

공부할 때는 한 번도 헷갈리지 않았던 것들도 시험장에서는 헷갈리는 경우가 있다. 암기할 때는 더 명확하게 강약을 주어야 한다. 아는 것도 한 번에 확실하게 머릿속에 넣을 수 있는 '돌다리 두들기기' 전략이 필요하다. 시험에 잘 나오는 것 위주로 더 자주 반복해야 한다.

헷갈리지 않게 암기하기 위해 가장 필요한 것은 정리를 잘 하는 것이다. 꼭 기억해야 할 공식, 잘 외워지지 않는 부분, 외워야 할 숫자, 개념 등을 간단히 정리하자. 문제집에서는 표시해둔 중요한 보기와 틀렸던 문제를 위주로 정리하는 것도 좋다.

막판에는 남은 힘을 다해 반복해라

공무원 시험 합격 수기를 분석해보면, 높은 점수를 받은 수험생들이 공통으로 한 행동은 '꾸준한 반복'이었다.

"일단 저는 모든 과목을 시험 직전에 3회에서 4회독하고 갈 수 있도록 계획부터 세웠습니다."

"기출 몇 회독에 만족하지 마시고 그냥 다 외울 때까지 한다는 생각으로 기출문제를 꾸준하게 회독해주신다면 가장 빠른 합격 길이 될 것이라고 생각합니다."

"확실하게 아는 것을 줄이면서 회독을 7회 이상 하면, 최소 모든 과목에서 85점 언저리는 간다고 생각합니다."

시험 직전 한 달 동안 과목별로 3번 정도 반복하는 것을 목표로 하는 게 좋다. 물론 더 많이 볼 수 있으면 더 좋다. 시험 보기 한 달 전부터 3주 동안 한 번, 시험 보기 1주 전부터 시험 전 전날까지 한 번, 시험 전날 한 번 보는 것이다. 내용이 익숙해질수록 반복의 속도도 올라갈 것이다. 그러면서 점점 자신감이 쌓인다. 반복함으로써 자신감이 쌓이고 그 자신감이 반복할 힘을 만들게 된다.

노력은 없어지지 않는다는 확신

노력이 없어지지 않는다는 확신을 가질수록 공부의 의욕을 유지할 수 있다. 사법시험, 한국회계사, 미국회계사, 미국변호사 시험에 합격한 지인이 있다. 내가 그 사람에게 "어떻게 그렇게 많은 시험에 합격하셨어요?"라고 물어본 적이 있다. 그분의 답은 "합격한 시험보다 탈락한 시험이 많아요"였다.

"사실 저도 시행착오가 많았어요. 공부를 해보니 실패 없이 이룩하는 것은 없고, 당장 실패했다고 해서 모든 노력이 사라지는 것도 아니더라고요."

나는 직장생활하면서 시험공부를 할 때는 일하며 공부하다 보니 공부를 좀 하다가 몇 달 해보니 시간이 안 나고 어려워서 중간에 그만둔 적이 있다. 그렇게 돈만 날리고 몇 년이 지나서 다시 그 공부를 시작했는데, 그 예전에 했던 것들이 새록새록 생각이 나서 처음 시작할 때 큰 도움을 받았다. '몸이 기억한다'라고들 하는데, 공부도 몸이 기억해 당장 성과가 나오지 않더라도 꾸준히 공부한 시간이 그냥 사라지지 않는다는 것을 알게 되었다.

지금 당장 어렵고 힘들어도, 당장 좋은 결과를 얻지 못할 것 같아도 나를 위한 것이라면 무엇이든 해보았으면 좋겠다. 요즘 나는 학원에서 강의하며 오픈 카톡방을 통해 무료로 시험 문제를 제공하고, 학습 상담도 하고 있다. 끈기 있게 하나를 꾸준히 해보라는 취지로 운영 중이다. 무료다 보니 부담 없이 접근할 수 있는데, 꾸준하게 공부할 수 있는 기회를 주고 싶어서였다. 그렇게 꾸준히 하다 보면 무엇이든 길이 보이게 된다.

세 번째 키워드 * 습관과 성향

떨어지는 사람과 합격하는 사람의 패턴 비교

상담을 해보면, 공부 잘하는 사람과 못하는 사람은 공부를 시작하기 전부터 다르다. 시험에 합격하려면 공부를 열심히 해야 한다. 하지만 제대로 된 방법을 모르고 공부하면 열심히 해도 점수로 이어지지 않는다. 합격하는 자와 탈락하는 자의 차이는 처음부터 시작된다. 처음에는 아주 미묘한 차이다. 하지만 그 차이가 쌓이고 쌓여 결과적으로 '합격'과 '불합격'이라는 완전히 다른 결과로 나타난다. 지금까지 수백 명을 상담하고 합격수기를 분석한 결과를 바탕으로 수험공부에 실패하는 자와 성공하는 자의 생활 및 생각 패턴을 수험기간별로 정리해보았다. 절대적인 원칙은 아니지만, 성공하는 자의 특징을 많이 가질수록 합격에 가까워질 것이다.

'어떤 시험을 볼지' 의사결정을 하는 단계

'어떤 시험을 볼지' 결정하는 것은 공부하고자 하는 동기와 의욕에 큰 영향을 주기 때문에 어떤 시험을 공부할지 신중하게 결정해야 한다. 신중하게 결정한다고 해서 결정하는 데 너무 많은 시간이 걸리는 것은 바람직하지 않다. 정확한 목표를 적당한 시점에 정하는 것이 중요하다.

잘 탈락하는 사람들의 특징

① 너무 많은 고민을 한다: 어떤 시험을 공부할지 너무 오랫동안 고민한다. 심지어 당장 시작했으면 이미 합격했을 수도 있는 시간만큼이나 고민하기도 한다. 예를 들어 진로를 못 정하고 어영부영하며 1~2년을 아무것도 하지 않고 보내기도 한다. 고민이 많은 이유로 i) 내가 무엇을 하고 싶은지 모르거나, ii) 주변의 조언에 쉽게 흔들려 갈피를 못 잡고 있거나, iii) 진짜 하고 싶은 것이 있지만 자신이 판단했을 때 그것을 하기에는 능력이 부족한 것 같아 실제로 추진하지는 못하고 망설이는 경우가 많다.

② 무턱대고 시작한다: 주변에서 그 진로가 좋다고 추천해준 것에 흔들려 시작할 때가 많다. 공부를 시작하기 전 자신의 진로와 맞는지 따져보지도 않고, 심지어 그 시험에 합격한 후의 진로가 어떻게 되는지 확인하지도 않은 채 공부한다. '남들이 좋다고 하니까.'

실제 대학생들과 진로 상담을 해보면, 대부분 주변 선배들이 좋다고 하는 것, 관련 오픈 카톡방 채팅, 네이버 카페나 유튜브 영상 댓글에서 말하는 것을 근거로 자신의 진로를 판단하는 경우가 많았다. 특히 다수의 댓글이 그렇게 말하면, 소수의 지인이 다른 의견을 말해도 믿지 않는다. 대세를 거스를 용기가 있을 만큼 진로 선택에 대한 나의 확실한 주관이 없어서다. 특히 점수에 맞춰서 대학을 가는 우리나라의 경우 더 확실한 주관을 가지고 어떤 시험을 볼지 결정하기 어려워한다.

세무학과 학생들의 진로 상담을 한 적이 있다. 요즘 "세무사와 공무원 중 어떤 쪽을 선호하세요?"라고 물으니 거의 대부분이 세무사 자격증 쪽을 선호했다. 그 이유는 공무원이 민원이 많다고 해서, 박봉이라고 해서와 같은 답이 많았다. 내가 조세심판원에서 근무하면서 많은 세무사를 만났기에 공무원의 생활과 세무사의 생활을 잘 알고 있다. 세무사 또한 고객들에게 많은 민원을 받고 있다. 급여의 경우 공무원보다 많은 경우도 있지만, 애초에 실적이 있어야 하는 직업이기에 안정적이지는 않다.

최근 유튜브나 뉴스에서 나온 이야기를 기준으로 선택하다 보니 생긴 편향이다. 자신이 어떤 적성인지 정확하게 모르는 상태에서 군중심리에 따라 선택하게 되면 반드시 문제가 발생한다. 만약 선택한 이후 공부를 하는 과정에서 자신의 진로와 맞지 않는다는 사실을 알게 되면 급격히 공부할 동력이 떨어지기도 하고, 시험의 난도를 확인하지 않고 시작하여 공부하다 좌절감을 맛보기도 한다.

③ **자만심에 빠져 있다**: 시험공부만 시작하면 '나는 반드시 합격할 수 있다'고 막연하게 생각한다. '내 주변에 누구도 합격했으니 나도 충분히 합격할 수 있어', '대부분 이 정도 공부를 하는 것 같으니 내가 몇 달만 해도 합격할 수 있는 수준까지 가는 건 문제없을 거야'라고 막연히 생각하지만, 실제 시험공부를 시작해 보면 그렇게 만만하지 않다. 아무리 예전에 공부했던 내용(사전지식)이 있다고 해도 그 시험의 출제 방식에 맞추어 다시 공부해야 한다. 내가 탈락할 것이라는 생각을 하지 않거나, 막연하게 공부하다 보면 합격하겠지 하는 생각으로 공부를 시작하는 경우 분명히 중간에 탈이 나게 된다.

또한 너무 의욕적으로 생각하고 공부를 시작하는 경우도 있는데, 이는 하루 공부 계획을 너무 많이 잡는 경우다. 실제 수험 상담을 해보면, 자신의 능력을 과대평가하고 하루 공부량을 너무 많이 계획하여 2~3달 만에 체중이 크게 늘고, 건강 면에서 상당히 나빠진 경우를 볼 수 있었다. 이는 1년 가까이 공부해야 하는 시험의 경우에는 결국 독이 된다.

합격 확률이 높은 사람들의 특징

① 현실적인 목표를 정해 빨리 시작한다: 시험은 현실이다. 명분보다는 실리를 생각해서 무엇을 할지 정해야 한다. 만약 정말 하고 싶은 것이 현실적으로 어렵다면 빨리 포기할 수 있어야 한다. 목표를 정했다면 현실적으로 얼마나 해야 하고 무엇이 필요한지를 빨리 파악해야 한다. 내가 하고 싶은 것이 아닌 내가 잘할 수 있는 것을 선택해야 한다. 학원 상담, 합격자 선배들의 조언, 인터넷 카페 등으로부터 최대한 객관적인 자료를 많이 수집해서 신속·정확하게 판단하는 것이 중요하다.

② 시험의 장단점에 대해 명확하게 인지한다: 어느 시험이나 장단점이 있다. 요즘은 시험 하나 붙었다고 인생이 바뀔 만큼 좋은 진로는 없다. 준비하고자 하는 시험의 장단점을 정확하게 알고 시작

해야 나중에 흔들리지 않는다. 아마 주변에서 "요즘 그 시험 합격해도 별거 없어", "차라리 다른 ○○○ 시험이 훨씬 좋은데 왜 그거 하니?"와 같은 말을 서슴없이 할 것이다. 장단점을 알고 시작해야 마음의 흔들림이 줄어든다. 실제로 단기에 합격하는 경우, 최연소로 합격하는 경우를 보면, 그 시험의 좋고 나쁨에 대한 흔들림이 별로 없다.

③ 겸손하고 제약조건을 알고 있다: 공통적으로 시험에 빨리 붙는 사람들은 차분하고 겸손하다. 차분해야 공부를 오래 할 수 있고, 겸손해야 기본부터 탄탄하게 습득할 수 있다. 겸손하다는 것은 자신감이 부족하다는 뜻이 아니다. 현실적인 제약조건을 명확하게 인지하고 있다는 뜻이다. 하루에 8시간은 수면 시간으로 사용해야 하기에 하루 16시간이라는 공부 시간을 계획하지 않고, 다른 경쟁자도 열심히 공부한다는 사실을 알기에 어영부영 똑같이 공부해서는 이 경쟁률을 뚫을 수 없다는 사실도 정확하게 안다.

공부를 시작하는 단계

모든 일이 그렇겠지만 시험공부도 시작점이 중요하다. 초반에 공부 계획과 방법을 잘 세워야 안정적으로 나아갈 수 있다. 첫 단추를 잘못 끼워서 돌아가는 경우를 많이 보았다. 초반에는 공부의 역설이 나타날 수 있는데, 열심히 공부하는 사람이 오히려 합격과 멀어지는 현상을 말한다. 실제 상담을 해보면, 너무 열정적으로 공부를 시작했다가 2~3달 만에 지쳐서 정작 공부를 열심히 해야 하는 시험 막판에 공부를 제대로 못 하고 탈락하는 경우가 상당히 많았다.

이런 수험생들의 공통적인 특징은 하고자 하는 의지는 높았지만, 공부를 해본 적이 없어서 어떻게 공부해야 하는지를 잘 몰랐다. 2~3달 공부하면서 무리하게 계획을 설정하다 보니 체력이 떨어졌고, 부족한 체력을 보충하려고 많이 먹어서 10kg 정도 체중이 올라갔다. 그래서 외모적인 자존감이 떨어진 상태였다. 그 상태에서 내 공부 방법에 무엇인가 문제가 있지 않나 하며 나와 상담을 오는 것이었다. 2~3달 고생은 고생대로 했지만, 성과를 못 낸 것은 결국 시작하는 단계에서 제대로 된 방법을 택하지 못해서다.

잘 탈락하는 사람들의 특징

① 초반부터 무리하게 공부한다: 일단 열심히 해야 한다는 마음에 무리한 계획을 세운다. 공부를 시작하는 시점에 잘하는 모습을 보여주고 싶어 과도하게 많은 시간을 공부한다. 성과를 빨리 보고 싶은 마음에 전체 일정을 고려하지 않고 공부를 하게 되면 체력이 일찍 고갈되어 중반부터 공부량이 급격하게 떨어질 수 있다.

② '나는 합격한다'는 과도한 믿음이 있다: 시험을 준비할 때 자신감을 가지는 것은 좋은 일이다. 하지만 '어떻게 공부하더라도 난 시험에 결국 합격할 것'이라는 스스로에 대한 맹신을 가지는 것은 문제다. '내가 이만큼 했는데 왜 안 되지?', '내가 ○○대학을 졸업했는데, 다른 수험생에 비해 뭐가 부족해서?'와 같은 생각으로 공부하는 경우 큰 쓴맛을 경험하는 경우를 보았다. 게다가 합격을 맹신하며 공부하면 작은 실패에도 크게 좌절할 수 있다. 당연히 꾸준히 점수가 상승할 것이라 생각하며 공부하고 있었는데 의외로 점수가 오르지 않으면 조바심이 나기도 한다. 합격에 대한 과도한 믿음이 있는 경우 목표 수험기간 자체를 너무 짧게 계획하게 된다. 그러면 매번 목표 공부량을 달성하지 못하게 되면서 전체 계획 자체가 흔들릴 수 있다.

③ 습관을 바꾸지 않는다: 시험공부를 시작했으면 시험에 맞는 생활 패턴으로 바꾸어야 하지만 예전의 생활방식을 그대로 고수하며 공부하는 경우도 있다. 예를 들어 주말에 친구와 술을 마시는 생활습관이 있었다면 시험공부를 하는 중에는 자제해야 한다. 그러나 보통은 '그렇게 공부만 하면 수험생활의 스트레스를 풀 수 없다', '일주일 중 하루 이틀 정도 그러는 것인데 공부에 큰 지장이 없을 것이다'라고 생각하며 그 습관을 유지하려 한다. 아무리 조언을 해도 바꾸지 않는다. 시험에 맞지 않는 생활 패턴을 일부라도 고수하고 있으면 고수한 만큼 합격하는 데 걸리는 시간은 늘어나고 합격할 가능성은 줄어든다는 것을 인지해야 한다. 생활습관이 전혀 준비되지 않은 상태에서 공부를 시작하면 수험생활에 맞지 않는 생활 패턴으로 인해 훨씬 빨리 지치게 된다는 사실을 명심해라.

합격 확률이 높은 사람들의 특징

① 현실적인 계획을 세운다: 평균적인 수험생이 필요한 기간 정도로 계획을 세우고 그 기간 안에서 조금 더 공부 시간을 추가로 확보할 수 있는 방법을 연구한다. 수험 계획을 세울 때 혹시 아프거나 피치 못할 사정이 생기는 경우를 대비하여 어느 정도의 예비시간을 확보해둔다. 쉽게 말해 꾸준하게 공부할 각오를 하

고 시작한다. 너무 성급하게 생각하지 않으면 현실적인 계획을 세울 수 있다.

② **방향성에 집중한다**: 처음부터 눈에 보이는 성과를 내는 것보다 실력 향상의 방향성에 집중한다. 방향성은 꾸준함을 위해 필요한 연료다. 실력이라는 게 하루아침에 확 달라지는 것이 아니다. 벽돌을 쌓듯 하나씩 쌓아가다 일정 시점이 지나면 큰 건물이 세워진다. 공부 초반에는 당장 부실한 건물(초반의 가시적 성과)을 만드는 것보다 눈에 보이지 않는 기초를 다지는 것이 중요하다. 합격 확률이 높은 사람들은 그런 방향성에 집중한다. 방향성에 집중해야 꾸준하게 공부할 수 있다.

③ **생활을 단순화한다**: 체력 소모를 줄이는 가장 좋은 방법은 규칙적으로 생활하는 것이다. 시험 외적인 것에 신경을 끌 수 있도록 생활을 단순화하는 것이 공부에 효율적이다. 일반적으로 모임이나 파티 등 다양한 모임을 주기적으로 즐기는 생활, 게임을 주기적으로 하는 패턴 등은 생활을 단순화시키는 데 방해가 된다.

공부가 익숙해지는 단계

2~3달 지나면 전체적으로 공부하는 방법은 익히게 되지만, 슬슬 공부가 지겨워진다. 장기 레이스로 갈수록 신체적·정신적인 컨디션 관리를 잘해야 한다. 처음 공부를 시작할 때는 의욕이 넘쳐서 열심히 하고, 시험 직전에는 긴장이 되어 공부를 하게 되지만 수험기간의 중반부에는 느슨해질 우려가 있다. 실제로 이 기간에 가장 많이 슬럼프가 온다.

잘 탈락하는 사람들의 특징

① 책상에 앉아있는 데만 신경을 쓴다: 양을 채우는 데 집중한다. 예를 들어 하루에 10시간을 공부하겠다고 계획했다면 책상에 앉아있는 시간을 10시간 만들기 위해 노력한다. 기출문제를 1회독하기로 계획했다면 그 내용을 한 번 다 보는 데만 집중한다. '내가 제대로 알고 보았는지', '본 후 실력이 향상되었는지'는 굳이 확인하려고 노력하지 않는다. 양에만 집중하다 보니 점점 공부하는 시간 중 딴짓을 하는 시간이 많아지고, 그저 양만 채우려고 한다('오늘 8시간 공부 채웠으니 공부 다 했다'라고 생각한다).

② 다른 진로를 찾아보며 자주 흔들린다: 공부가 힘들고 합격이 불확

실하다고 느끼면 '다른 진로가 좋지 않을까' 생각하며 다른 진로를 탐색해본다. 그렇게 공부할 시간을 낭비하며 스스로 합격할 가능성을 낮게 만든다. 실제로 중간에 그만두었다가 다시 시작하고, 또 그만두었다가 다시 시작하는 수험생의 경우 이 이유 때문인 경우가 많았다.

③ 자기 합리화를 한다: 잘못된 방식인 줄 알면서도 이런저런 핑계를 대며 그 방식을 고치지 않는다. 예를 들어 모의고사에서 예상보다 낮은 성적을 받고 있는 현실을 보며 '나는 실전에 강하니깐 시험 직전에 높은 집중력을 발휘해서 커트라인을 넘을 수 있을 거야'라고 생각하고 잘못된 부분을 고치지 않는다. '어떻게 해야 개선될 수 있는지'를 고민하지 않고 '시간이 지나면 해결이 되겠지' 하며 문제를 미뤄두기만 한다.

합격 확률이 높은 사람들의 특징

① 의미를 생각하며 공부한다: 공부한 것이 실력 향상으로 이어지는지 느끼며 공부하려고 노력한다. 웨이트 트레이닝을 할 때도 근력을 강화시키는 부분에 정신을 집중하며 운동해야 한다. 공부도 마찬가지다. 현재 공부하는 내용을 음미하며 내 머릿속에 들어가고 있는지를 확인하면서 공부해야 한다. 매일 문제를 풀

어보며 공부하면 좋다. 오늘 시험을 잘 보지 못했다면 핑계를 대지 않고 결과를 가감 없이 받아들이며 왜 틀렸는지를 분석한다. 그래서 나는 늘 수업을 듣고 혼자 문제를 꼭 풀어보라고 한다. 이 과정을 하지 않으면 수업 들은 것 자체가 아무런 의미가 없게 되기 때문이다. 계속 문제를 풀다 보면 문제가 잘 풀리고 점수가 올라가게 된다. 그러면 실력이 향상되는 것을 느끼면서 점점 공부에 재미를 느끼게 된다.

② **부족한 부분을 채워나간다**: 공부를 계속하다 보면 자신의 부족한 부분을 알게 된다. 그 부분을 계속 채워나가려는 노력을 한다. 일반적으로 자신이 싫어하는 과목을 적게 공부하게 되고, 그래서 더 실력이 부족해지고 점수가 나오지 않으니 다시 공부를 하기 싫어지는 악순환의 고리가 형성된다. 합격 확률이 높은 사람들은 악순환의 고리가 단단해지기 전에 그 고리를 끊어버린다.

③ **무리한 생활습관을 만들지 않는다**: 과도하게 운동을 하거나 생활습관을 깨는 행동을 하지 않는다. 그러면 심적으로 평정심을 지속적으로 유지할 수 있고 체력 관리도 잘된다.

시험 직전의 습관

시험 직전에 어떻게 잘 마무리를 하느냐에 따라 공부 전체의 성패가 좌우되는 경우가 많다. 공부를 꾸준히 해온 경우라도 마무리를 잘못하면 공부한 양보다 훨씬 실망스러운 결과를 받을 수 있다. 그래서 막판에 어떻게 공부하느냐가 중요하다.

잘 탈락하는 사람들의 특징

① 어려운 문제, 새로운 내용을 추가한다: 시험 직전이 되면 여러 학원가의 모의고사 문제집들이 나온다. 거기에는 지엽적이거나 수험가에서 잘 다루지 않는 전혀 새로운 내용들이 보이기도 하는데, '혹시나 그런 것이 나올까 하는 불안감'에 어렵고 지엽적인 내용에 더 집중한다. 여기서 문제점은 어렵고 새로운 내용에 집중하면서 기본적인 내용에는 소홀해진다는 점이다. 시험 직전에 새로운 내용을 공부하는 시간은 1시간 또는 몇 문제 이내로 정해두고 조금씩만 보아야 한다. 다수의 나머지 시간에는 기존에 공부했던 내용들의 기반 다지기에 충실해야 한다. 자신이 알고 있는 내용이 시험에서 출제된다고 해서 무조건 맞힌다는 보장은 없지만, 이미 알고 있으니 당연히 풀 수 있다고 막연히 생각했다가 시험장에서 '실수'로 여러 문제를 틀리고 나온다.

② 이것저것 체계 없이 본다: 불안감에 이것저것 찾아보고 '모두 암기하겠다'는 의지를 가지고 여러 번 반복한다. 하지만 불안감에 쫓기듯이 보면 나중에 암기한 것들이 헷갈린다. 목차별로 체계를 잡고 내용을 정리하며 외워야 시험장에서 기억이 난다. 정리를 제대로 하지 않고 이것저것 보는 것에만 집중한다. 수험 상담을 해보면, 열심히 공부해놓고 시험 점수가 안 나오는 사람들의 경우 제대로 정리한 적이 없었다. 실제로 어떤 수험생은 한 과목의 요약집을 강사별로 5권을 모두 보는 경우도 있었다. 강사마다 정리하는 방식이 다르기 때문에 한 과목의 요약정리 자료가 5개라면 오히려 헷갈릴 수 있다. 불안해서 이것저것 보다가 시험을 망치는 경우다.

③ 불안한 감정을 잘 통제하지 못한다: 초반에 너무 많은 자신감을 가지고 시작하면 공부 계획을 무리하게 잡게 된다. 목표치에 지나치게 적은 양을 공부하면 '난 역시 패배자'라는 생각이 들게 되고 자괴감에 빠지면 불안한 감정이 통제가 잘되지 않는다. 공부를 할 때는 할 수 있다는 자신감을 가져야 하는데 시험공부를 시작한 초반에는 자만심으로 시작하여 후반부에는 패배감과 자기비하로 끝나는 경우다.

합격 확률이 높은 사람들의 특징

① 줄여나간다: 마지막으로 갈수록 완벽히 숙지가 된 부분들은 빠른 속도로 볼 수 있기 때문에 공부가 부족한 부분을 집중적으로 공부할 수 있다. 그렇게 숙지된 부분을 위주로 하나씩 줄여나간다. 읽는 속도가 빨라질수록, 모르는 내용이 줄어들수록, 정리가 하나씩 되어갈수록 자신감이 생긴다.

② 불안해질수록 생활을 규칙적으로 통제한다: 시험 날이 다가올수록 불안함을 통제하기 위해서는 할 수 있다는 자신감이 필요하다. 수험생을 불안하게 만드는 가장 큰 요인 중 하나가 '내가 모르는 문제가 나오면 어쩌지?' 하는 감정이다. 불의타(전혀 예상하지 못한 문제)는 어디에서 나올지 모르기 때문에 아무리 많고 어려운 문제를 풀어도 그 불안감은 해소되지 않는다. 그런 불안감에 휩싸이지 않기 위해서는 차라리 아무런 생각을 하지 않는 것이 좋다. 아무런 생각을 하지 않고 그저 규칙적으로 계획했던 공부를 해나간다.

③ 어려운 문제보다 쉬운 개념에 집중한다: 마지막에는 지금까지 공부한 것을 시험장에서 잘 발현할 수 있도록 준비해야 한다. 합격 확률이 높은 사람들은 마지막에 반드시 계산 공식과 기본적인

개념이 헷갈리지 않도록 정리하고 반복한다. 시험장을 나오며 '최선을 다했다'고 느끼려면 '아는 것을 실수했다'는 생각이 나지 않도록 준비한다. 그래서 확실하게 풀어야 할 문제를 정확하게 풀어내서 전 과목이 고르게 안정적인 고득점을 한다.

시험을 본 이후의 행동

"살이 왜 이렇게 많이 쪘어요?" 공부가 끝나고 나면 체중이 늘어나는 수험생이 많다. 앉아서 공부만 하고 열량이 높은 음식을 먹다 보면 체중이 늘어날 수밖에 없는데, 많게는 30~40kg까지 체중이 늘어나는 경우를 보았다. 시험에 탈락한 후 그 살을 빼지 않으면 다시 공부했을 때 그 체중이 자신의 생활을 무너뜨린다. 체중이 늘어나면 몸이 무거워지고 오래 앉아있기 힘들어진다. 허리 디스크와 같은 병이 올 수도 있다. 시험이 끝나면 좋은 점수를 받았든, 받지 않았든 늘어난 체중과 같은 다음 스텝에 장애가 되는 것들을 빨리 치워버려야 한다.

내가 여러 시험에 합격할 수 있었던 것은 시험을 본 이후의 행동이 다른 사람들과 달랐기 때문이다. 예를 들어 어두운 곳에 있다가 갑자기 밝은 곳으로 가면 동공이 빛을 받아들이는 데 시간이 걸리듯, 시험이 끝난 후 다시 새로운 도약을 위해 체력 회복과 같은 노력이 필요하다.

잘 탈락하는 사람들의 특징

① **일단 논다**: 가채점 결과 합격선에 가까운 것으로 판단되면 시험이 끝났다는 해방감에 몸이 부서지도록 노는 경우가 많다. 지금까지 억압되었던 생활에 대한 보상이라고 생각하지만, 필기시험으로 시험이 끝난 것은 아닌데 미래를 위해 준비하지 않는 것이다. 시험에 좋지 않은 결과가 예상되어도 마찬가지다. 성적이 좋지 않으니 자신을 위로한다는 차원에서 더 놀고 자기관리를 하지 않는다.

② **향후 계획을 세우지 않는다**: 시험에 탈락할 것이 예상되어도 의사결정(다시 공부를 할지 여부 등)을 해야 한다. 그런데 아무런 계획을 세우지 않고 될 대로 되라고 생각하며 별생각 없이 몇 달을 보낸다. 그러다 마음이 급해지고, 허겁지겁 제대로 검토하지 않고 새로운 것을 시작한다. 그러다 또 자신의 마음만큼 일이 잘 풀리지 않으면 좌절하고 다른 길을 찾는다.

합격 확률이 높은 사람들의 특징

① 체력을 회복한다: 시험공부를 열심히 한 경우 상당히 체력이 떨어졌을 가능성이 높다. 이때 무작정 놀게 되면 떨어진 체력이 더 떨어지게 되어 큰 병이 날 수도 있다.

② '플랜B'를 마련한다: 합격 여부 등을 검토해본 후 합격할 것 같다고 판단되면 이후 계획을 세운다. 필기시험 이후 면접이 있다면 면접도 준비해야 한다. 만약 시험에 탈락했을 때를 대비하여 그 이후 어떻게 공부를 할지도 사전에 생각해두는 것이 좋다. 합격할 것이라고 생각했는데 탈락하면 정신적 충격이 굉장히 크기 때문에 어느 정도 그 상황에 대비해두어야 충격에서 빨리 회복하여 무엇인가 다시 시작할 수 있다.

4장

네 번째 키워드 ＊ 기회

계속하는 사람에게 기회가 온다

물 들어올 때 노를 저으라는 말이 있듯, 기회가 왔다고 생각하면 무조건 잡아야 한다. 기회라고 생각된다면, 그 분야를 공부하면서 계속 재능을 키워나가면 그 기회를 잡을 수 있다.

네 번째 키워드 * 기회

내 평생
몇 번의 기회가 있을까?

나는 공무원 시험을 준비하는 학생을 가르치고 있지만, 중고등학생을 대상으로 공부법 특강도 진행하고 있다. 그러다 보니 10대부터 50대까지 다양한 연령대의 수험생을 만나게 되는데, 그중 중고등학생 때 열심히 하지 않는 경우를 보면 가장 안타깝다. 왜냐하면 무엇이든 열심히 하면 그만큼 얻을 수 있는 기회가 많기 때문이다.

사실 50대에 공부를 다시 시작하는 경우에는 그렇게 남은 기회가 많지 않다. 공무원 시험을 합격해도 근무할 수 있는 기간이 적고(정년이 60세임), 자격증 시험을 준비한다고 해도 자격증 시험에 합격해서 개업을 하고, 그 업계에서 평판을 쌓는 시간을 생각하면, 순조롭게 일이 진행된다고 해도 자리를 잡았을 땐 이미 활발하게 활동하기에는 어려운 나이가 될 수 있기 때문이다. 예를 들어 50대에 의대에 들어갔다고 생각해보면, 학교를 졸업하고, 의사 자격증을 따고, 병원을 차리고 입소문이 나는 데까지 최소 10~15년은 걸릴 것이니 60대 중반 이후가 되어서야 자리를 잡을 것이므로, 성공적으로 자리를 잡는다 해도 남은 활동 기간이 많지 않다.

반면 어릴 때는 조금 실패해도 다시 그 경험을 살려 새로운 기회를 만들 수 있다. 그래서 중고등학생 때 어영부영 시간을 보내는 경우를 보면 많이 아깝다는 생각이 든다. 그래서 중고등학생을 대상으로 한 강연에서 꼭 하는 말이 있는데, "공부 안 해도 되니까 뭐라도 좀 하세요!"다. 대학생이 되어도 마찬가지다. 아직 기회는 많다. 내가 원하는 대학을 들어가지 못했더라도 다시 시험을 볼 수도 있고, 그렇지 않다면 취직 준비를 잘해서 만회할 수도 있다.

하지만 학생 신분이 끝나면, 공부든 뭐든 자기계발할 시간이 줄어들어 그만큼 내가 바뀔 기회도 적어진다. 학생 때는 공부할 기회를 소중하게 생각하지 못하지만, 직장인이 되어 공부하는 경우 공부할 수 있는 기회의 소중함을 알게 된다. 직장을 병행하는 수험생과 상담해보면 다음과 같은 말을 많이 한다.

"매년 마지막이다 마지막이다 하면서 시험 쳤는데 벌써 시간은 많이 흘렀네요. 아르바이트를 하면서 공부해서 그런지 공부 시간이 부족한 한 해였고, 전업 공시생일 때 더 열심히 해둘 걸 싶은 후회도 드는 날이네요."

40~50대가 넘어가면 기회는 더 줄어든다. 시험에 합격했다고 해서 당장 많은 기회가 주어지지 않는다. 40대가 넘어 변호사나 회계사와 같은 자격증을 따더라도, 당신을 데려가고자 하는 회사는 많지 않을 것이다. 40~50대 이후에는 공부할 시간도 줄어들지만, 공부만 잘해서는 기회를 잡지 못한다. 추가적인 능력(실무 경력이나 다른 자신만의 능력)이 필요하다.

내 평생 몇 번의 기회가 주어질까? 나는 아직 40대지만, 직장생활을 일찍 시작한 덕(행정고시를 최연소에 가까운 나이에 합격해 연수원에서 가장 어린 나이였다)에 함께 교육을 받은 연수원 동기들은 나보다 적게는 세 살, 많게는 열두 살 정도 많았다. 그러다 보니 현재 50대의 삶도 옆에서 지켜볼 기회가 많았는데, 큰 인생의 기회는 10년마다 한 번 정도 오는 것 같다.

① **10~20대**: 대학과 전공선택의 기회

② **20~30대**: 직장 선택의 기회

③ **30~40대**: 업무를 바꿀 기회 1

④ **40~50대**: 업무를 바꿀 기회 2

우리가 경제활동을 60대까지 하고, 60대 이후에는 사실상 바꾸기 어렵다는 점을 생각한다면, 인생에서 큰 기회는 ③~④번이다. 10년이면 강산도 변하듯, 세상이 변하고 나도 변하면 새로운 기회는 나타나게 된다. 세상이 변하거나 내 인생(주변 인물 등)이 변하면서 기회가 생기게 되는 것이다. 기회가 나타나기까지 계속 노력해야 하고, 만약 기회라고 생각하면 무조건 잡아야 한다. 기회임을 알 수 있는 방법은 다음과 같다.

학교 입학, 큰 시험 합격, 떡상 등 계기가 생긴다

추첨을 통해 좋은 학교에 들어가게 되었다거나, 큰 시험에 합격해 좋은 대학에 들어가게 된 그 지점이 당신에게 기회를 만들어준다. 내가 직장생활을 하면서도 열심히 공부했던 이유는 바로 새로운 기회를 만들기 위해서였다. 자격증이 있으면 새로운 업무영역을 만들 수 있고, 그것이 바로 기회가 된다. 꼭 자격증과 같은 공부가 아니어도 된다. 대학원에 가서 새로운 인맥을 쌓아도 좋고, 유튜브 영상 조회 수 떡상을 통해 기회를 만들 수도 있다. 무엇을 하든 어떤 계기가 있어야 기회가 생기니 그 계기를 만들기 위해 노력해야 한다.

예전에 나는 공부법 관련 내용으로 브런치에 글을 연재한 적이 있다. 처음에 10개 정도의 글은 거의 조회 수가 100 내외였다. 심지어 너무 조회 수가 적은 글(조회 수 10 정도)은 내가 몇 번 클릭할 정도였다. 그런데 어느 순간 올린 글이 하루 만에 10만 조회를 넘어서게 되었다. 그 글의 제목은 '절대 하지 말아야 할 암기 습관'이었는데, 그 글이 카카오톡과 다음 메인 페이지에 노출되며 급격하게 조회 수가 올라간 것이었다. 그 떡상 이후로 나는 그런 스타일의 글을 정기적으로 올렸다. 이후 계속 조회 수가 높았고, 덕분에 많은 구독자를 확보할 수 있게 되었다.

연락이 오지 않았던 사람들에게 연락이 온다

공부법 관련 글을 수개월간 올리고 있던 어느 날 카카오 페이지 담당자로부터 따로 연락이 왔다.

"브런치에 올리던 글을 유료로 연재해볼 생각 없으세요?"라는 제안이었다. 그때 나는 알게 되었다. '내 글이 돈을 내고 살 정도의 가치가 있구나.'

그 제안은 거절했지만, 유료 연재가 가능한 수준임을 알게 되어 브런치에 쓴 글로 책을 내야겠다는 마음을 먹었다. 그래서 이 글을 기반으로 책을 기획하여 출판사에 투고를 했다. 예상대로였다. 한 번에 책을 내자고 연락이 왔다. 아마 카카오 페이지 담당자의 연락이 아니었다면 투고를 통해 책을 낼 기회를 잡지 못했을 것이다.

내가 몰랐던 나의 능력을 발견한다

공부법 책을 낸 이후 1년이 지난 시점이었다. 대학교 때부터 알던 형이 학원을 운영하고 있었다. 그 형으로부터 갑자기 연락이 왔다. "혹시 강의해볼 생각 없니?"

사실 나는 누군가 앞에서 말하는 것을 극도로 싫어했다. 그래서 강의를 하겠다는 생각을 해본 적조차 없었다. 그래서 나는 바로 거절하려고 했다. 하지만 왜 제안을 했는지 한번 들어보고 싶은 마음에 미팅을 했다.

나: 저 다른 사람 앞에서 말 잘 못 해요.
학원 측: 책 내실 때 만들었던 영상 보니까 말 잘하시던데요. 목소리도 좋고요.

제안을 한 학원 측은 내가 나를 보는 시각과 달랐다. '어쩌면 내가 나의 능력을 과소평가해서 스스로 얻을 수 있는 기회를 날리고 있었던 것은 아닐까?' 하는 생각이 들었다. 그래서 다시 생각해보겠다고 하고, 1~2개월간 나의 능력을 생각해볼 시간을 가졌다. 나의 새로운 능력을 남이 발견해주는 경우도 있다. 다른 사람이 진지하게 제안을 해온다는 것 자체를 가볍게 생각해서는 안 된다. 그래서 심사숙고 끝에 해보겠다고 그 제안을 수락했고, 대신 말하는 연습을 많이 하기 시작했다.

물 들어올 때 노를 저으라는 말이 있듯, 기회가 왔다고 생각하면 무조건 잡아야 한다. 기회라고 생각된다면, 그 분야를 공부하면서 계속 재능을 키워나가면 그 기회를 잡을 수 있다.

네 번째 키워드 * 기회

왜 나만 기회가 적을까?

얼마 전에 나를 찾아온 학생의 이야기다. 시험에 합격하고 인사를 꼭 하고 싶다고 했다. 그래서 잠시 만났는데, 대뜸 "작년에 계속 공부할까 고민된다고 상담했던 학생입니다. 선생님의 한마디 덕분에 계속 공부를 하게 되었고, 이번에 합격하게 되었습니다"라고 말했다. 심지어 점수도 좋았다. 합격선을 훌쩍 넘어 수석을 할 만한 점수였다. 그래서 내가 "이 정도 점수 나올 사람이면 절대 중간에 그만두면 안 되는 거였네. 공부 계속할지 말지 고민할 것도 아니었네"라고 말했다. 그런데 그 친구는 나와 상담할 당시 우울증이 굉장히 심했다고 한다. "부모님은 기초생활수급자시고, 자신이 맏이다 보니 빨리 돈을 조금이라도 벌어야 하는 상황에서 정신적으로 많이 힘들었습니다. 그때 선생님께 상담을 요청드렸고, 선생님의 '충분히 될 수 있는 상황이다. 해도 된다'는 말씀에 공부를 끝까지 할 수 있었습니다"라고 말했다.

    그 학생의 말에 의하면 합격의 70%는 '내가 그때 한 조언' 덕분이라고 한다. 만약 그때 내가 "너는 공무원 시험과 맞지 않는 것 같으니, 다른 길을 알아보면 어떨까?"라고 했으면, 그 학생의 인생이 달라졌을 수도 있었을 것이다. 결국 기회라는 것도 마음을 어떻게 먹느냐에 따라 달라진다. 어떤 마음을 가지고 공부하느냐에 따라 지금의 나에게 온 기회를 잘 활용할 수도 있고, 그렇지 않을 수도 있는 것이다.

    지금 이 글을 읽는 사람 중에서는 '나에게는 왜 기회가 적을까? 세상이 왜 기회를 주지 않을까?' 하는 고민을 하고 있는 사람도 있을 것이다. 혹시 생각해보라. 기회를 주었는데 놓친 경우는 없었을까?

기회는 기회를 낳지만, 잘못된 선택은 기회를 빼앗아간다

서울대학교 학생들의 경우도 마찬가지다. 서울대학교에 갔다는 것만으로 이미 유리한 위치지만, 이 기회를 제대로 활용하지 못해 몇 년 안에 급격히 추락하는 경우를 보았다. J라는 서울대학교 경제학부 학생이 있다고 하자. J학생에게는 여러 진로가 열려있다. 서울대학교에 간 것으로 새로운 기회를 열었다. 하지만 많은 기회가 반드시 좋은 것은 아니었다. 자신이 어떤 것에 적성이 맞는지 모르면, 많은 기회가 열려있어도 그것을 잡을 수가 없다.

나에게 맞지 않는 진로를 선택하여 공부를 시작한다. 공부를 하다 보면 자신에게 맞지 않다는 것을 깨닫게 되지만, 쉽게 바꾸기 어렵다. 왜냐하면 내가 선택한 게 틀렸다는 것을 심리적으로 받아들이기 어려워서다. 그리고 이렇게 생각한다. '어떻게든 할 수 있을 거야.' 막연한 기대로 몇 년간 어영부영 공부를 한다. 고집을 부리며 다른 기회를 날려 보낸다.

몇 년 시간이 지난 뒤 도저히 아니다 싶으면 그제야 다른 진로를 알아본다. 그런데 이번에는 다른 사람과 비교하며 또 기회를 날린다. 몇 년간 어영부영 시간을 보내다 보니 괜찮은 기회는 사라지고, 서울대학교 학생 입장에서 보았을 때 썩 좋지 않은 기회들이 남는다. 이때 '친구 ○○○는 어디 어디 다닌다는데, 내가 저런 곳에 취직할 필요가 있어?'라고 비교하며, 나름 괜찮은 기회지만 다시 그 기회를 버린다.

비교로 성장한 자 비교로 망하는 것이다. 우리나라에서 공부를 잘하는 사람들은 중고등학교 때 성적 경쟁을 하다 보니 다른 사람과 비교하는 것에 익숙하다. 친구와 비교를 하며 더 열심히 했고, 그렇게 해서 좋은 학교에 가다 보니 그 비교하는 본성이 어디 가지 않고 또 비교를 하며 적당한 기회들을 놓친다. '내가 저런 곳에 가려고 지금까지 공부한 것은 아니잖아'라고 생각한다.

그렇게 또 몇 년의 시간이 지나면 이제 그 기회마저 사라진다. 모든 좋은 기회들이 날아간 상황에서 J학생은 현실과 타협을 하고 완전히 내려놓는 선택을 할 것인지, 아니면 현실을 도피할 것인지를 결정해야 한다. 이때 부모님의 경제적 지위가 높다면 부모가 나서서 새로운 사업이나 현실과 타협할 수 있는 괜찮은 기회를 만들어주기도 하지만, 이마저도 없다면 현실을 도피하는 선택을 하는 경우도 있다. 대박을 노리는 투자에 관심을 가지거나, 작은 회사에 취직해서 경제적인 문제를 해결한 후 취미생활에만 집중하는 선택을 한다. 회사는 경제적인 목적으로만 다니고, 그 외 시간에는 현실과 관련이 없는 다른 분야에 몰두한다. 결국 당신의 고집, 다른 사람과의 비교, 현실도피성 선택으로 시간을 날리며 세상이 당신에게 준 기회를 놓치지 않았나 생각해보아야 한다.

기회는 모든 사람에게 공정하게 주어지지 않는다
———

만약 당신의 집이 경제적으로 넉넉하지 않고, 크게 잘난 것이 없다면 작은 기회가 왔을 때 그것을 무조건 잡으려고 노력해야 한다. 내가 그랬다. 어떤 사람들은 나에게 "직장생활을 하면서도 왜 그렇게 공부를 열심히 했어요?"라고 묻는데, 작은 기회를 잡기 위해서였다. 집안이 특출나지 않았기에 무엇이라도 남보다 뛰어난 것을 만들기 위해서였다. 그래야 작은 기회라도 나에게 더 올 수 있으니까. 그런데 작은 기회를 결코 작다고 생각할 필요는 없다. 기회는 기회를 낳기 때문에 작은 기회라도 잡으면, 그 기회가 새로운 조금 더 큰 기회를 만들어주기 때문이다. 당신은 그 기회를 잡고 노력만 하면 된다. 만약 그 기회를 잡는데 다른 사람보다 능력이 부족하다고 느낀다면 더 많은 노력으로 채우면 된다.

그런 것이 습관화되다 보니 지금도 학원에서 "선생님, ○○ 강의 개설도 가능하세요?"라고 하면, 나는 일단 "못 할 건 없죠"라고 답한다. 일단 제안이 오면 거절하지 않는다.

처음 사례로 돌아가서 나를 찾아온 학생도 마찬가지다. 경제적으로 어려운 여건이 힘들어 포기했다면, 시험에 합격할 기회는 사라졌을 것이다. 그러면 새로운 기회는 더욱 열리지 않는다. 실제로 공무원 시험에 합격한 제자들 중 계속 공부를 이어나가는 경우가 꽤 있다. 얼마 전 명절에 특강을 하는데, 이미 7급·9급 시험에 모두 합격한 제자가 수업을 들으러 왔다. 이미 시험에 합격해서 수업을 들을 필요가 없는데 왜 특강에 왔을까?

나: 아니 왜 왔어요?
제자: 새로운 공부를 해보려고요.
나: 근데 왜 이 강의 들으러 왔어요?
제자: 과거에 공부했던 기억을 살리고 싶어서 리프레시하러 왔습니다. 지금 하는 업무와 ○○○ 자격증이 관련이 있어서 전문성을 그쪽으로 쌓아보려고 합니다.

9급 공무원 시험에 합격한 후 7급 공무원 시험을 준비해서 합격했고, 지금은 현직 공무원으로 새로운 전문성을 쌓고 있었다. 불과 이 기간이 3~4년에 이루어진 것이니 기회가 기회를 만드는 것이다. 기회는 모든 사람에게 절대로 공정하게 주어지지 않는다. 당신의 경제적으로 어렵고, 상황이 나쁠수록 기회는 더 적게 주어진다. 당신이 결정할 것은 둘 중 하나다. 그 신세를 한탄하고 시간을 보낼 것인가, 아니면 작은 기회라도 만들어 볼 것인가.

네 번째 키워드 * 기회

포기할 것은
빠르게 포기해라

"잘 포기하는 것도 능력이에요." 내가 수험생과 상담을 할 때 종종 하는 말이다. 어떨 때는 잘 포기해야 한다. 그 포기가 자신의 발전에 도움이 되는 경우가 많다. 상담을 해보면, 정신적으로 힘들어서 정신과 상담을 하거나 우울증 약을 복용하는 경우가 꽤 많은데, 거의 대부분이 '포기를 못 해서'다. 내가 원하는 것과 나의 현실이 크게 다르다는 것을 느끼면 현실을 보는 눈 자체가 부정적으로 바뀐다. '나는 왜 이렇지', '왜 이 모양 이 꼴로 살고 있을까'와 같은 부정적 생각이 온통 머릿속을 뒤덮다 보면 결국 마음의 병이 생길 수밖에 없다.

나를 알고 남을 알면 백전백승이다. 손자병법에 나오는 말인데, 공부에도 적용이 된다. 내 노력으로 안 되는 것이 있다면, 빠르게 버리는 것도 방법이다. 사실 내가 행정고시를 선택하게 된 것도 내 능력을 판단해서다. 서울대학교 학생은 모든 곳에 취업이 잘될 것이라고 생각할 수 있지만, 현실은 그렇지 않다. 해외 경험이 많은 경우 영어를 나보다 훨씬 유창하게 잘하는 친구도 있었고, 알게 모르게 부모의 능력도 이런저런 기회를 얻는 데 작용한다. 어학연수, 유학 등 해외 경험도 없고, 딱히 부모님이 좋은 회사에 아는 지인도 없었던 나는 그저 나의 실력에 의지해야 했다. 영어를 유창하게 잘해서 영어 면접을 통과할 자신도 없었고, 인맥을 통해 특별한 기회를 얻을 방법도 없었다.

내 실력 중 가장 뛰어난 것은 그래도 중고등학교 때까지 열심히 공부해 시험을 잘 보는 능력이었고, 그것을 가장 잘 활용할 수 있는 기회가 무엇인지를 찾아보았다. '내가 엉덩이 싸움(오래 앉아서 공부하기)은 잘하니까!'라고 생각했다. 여러 고시 중에서 행정고시(재경직)를 선택하게 된 것도 내가 공부한 전공과 많이 겹쳐서 현실적으로 가장 빠르게 합격할 수 있기 때문이었다. 내가 약한 부분은 빠르게 포기하고 내가 강한 부분을 최대한 열심히 해서 살리는 것이 중요하다.

포기 못 하는 사람의 특징

수험 상담을 해보면, "도저히 포기를 못 하겠습니다"와 같은 말을 하는 경우가 있다. 현실을 객관적으로 판단해보면 안 될 것 같은데 포기를 못 하겠다고 한다. 그렇게 말하는 자신도 내심 현실과 목표 사이의 괴리를 알고 있는 듯하다. 그런데 왜 포기를 못 하는 것일까?

잘못된 고정관념을 벗어나지 못한다

상담을 해보면, 잘못된 고정관념에서 벗어나지 못해 포기를 못 하는 경우가 많았다. 이 고정관념은 예전에 형성되는 경우가 많은데, "○○대학 정도는 들어가야지! 형도 △△대학 들어갔잖아. ○○대학 이상은 가야 사람 구실 하며 살지"와 같은 말에 지속적으로 노출되다 보면, 꼭 그것을 달성해야 한다는 고정관념에 사로잡히게 된다. 일반적으로 이런 고정관념은 부모나 주변 사람들에 의해 형성되는 경우가 많다. 주변에서 그런 말을 하는 이유는 명확하다. 동기부여를 위해서다. ○○대학 이상의 학교를 들어가게 하기 위해 '○○대학 미만으로 가면 인생 패배자다'와 같은 뉘앙스로 말을 하는 것이다. 하지만 이런 말의 문제는 만약 ○○대학을 못 가게 될 경우를 대비한 출구가 없다는 것이다. 어릴 때부터 들어왔던 말이 독이 되는 경우다.

남이 해주기를 바란다

'나도 아닌 것을 알지만, 내가 스스로 포기 못 하겠어'라고 생각한다. 그저 다른 사람이 찾아와 "이것 말고 다른 이것 해보면 어때? 이게 더 좋은 거야"라고 나를 잘 설득해주기를 기다리고 있는 경우다. 수동적으로 공부한 사람들은 늘 남이 시켜서 공부했다 보니 포기도 남이 시켜주기를 바란다. 주변에 똑똑하고 현명한 사람이 있어서 그렇게 길을 잘 찾아주는 부모 또는 좋은 지인이 있으면 좋지만, 아닌 경우라면 '포기 못 하는 늪'에서 헤어 나오지 못하게 될 수도 있다.

빠르게 포기하는 방법

포기할 것을 빠르게 포기하는 것이 결국 내 인생에 도움이 된다. 사실 너무 단순한데, 인간은 모든 것을 잘할 수 없다. 못하는 것은 못하는 채로 두어도 된다는 뜻이다. 육각형 인간이 되어야 한다는 강박에 빠지지 마라.

자존심으로 상황을 왜곡하지 않는다

내 상황을 빠르게 인지한다. 직장인이 되어 공부할 때 특히 중요하다. 자존심을 내세워 선택하지 않기를 바란다. 내가 가고 싶은 대학과 현재 나의 실력 사이에 괴리가 크다면, 단순하게 생각해라.

① 실력을 높일 것인가?
② 눈을 낮추고 다음 기회를 찾아볼 것인가?

둘 중 하나다. 도저히 실력을 갖출 자신이 없으면 눈을 낮추는 것이 좋다. 그런데 그놈의 자존심 때문에 눈을 낮추지 못한다. 눈을 낮추기 어렵다면 좀 더 긴 목표를 생각해라. 예를 들어 좋은 대학에 들어가기 위함이 돈을 많이 버는 직업을 가지기 위함이라면, 지금 내 실력으로 들어갈 수 있는 대학과 전공 중 돈을 많이 버는 길이 무엇일까 생각해보는 것이다. 내 인생의 긴 목표를 보면, 충분히 자존심 상하지 않고도 포기를 할 수 있다.

다른 사람의 눈치를 보지 않는다

본인에게 맞는 것을 선택해라. 다른 사람의 눈치를 보면 여러 기준을 적용하게 되고 선택이 왜곡될 수 있다. '사공이 많으면 배가 산으로 가는' 선택을 하는 것이다. 나도 여러 자격증을 따면서 많은 주변 이야기를 들었다. 예를 들어 미국회계사 시험을 공부할 때는 "미국회계사 따봐야 한국에서 쓸 곳도 없어. 한국 회계사를 따야지, 그것 따서 뭐 하게? 그 시험 3개월 보면 합격한다는데(근거도 없이 어디서 들은 말임), 뭐 그렇게 열심히 해?"와 같은 말을 한다. 만약 그런 말에 휩쓸려 의사결정을 했다면, 나는 한국회계사 시험을 보았을 것이고, 직장생활을 하며 공부하기에는 많은 공부량으로 제대로 된 성과를 내지 못했을 수도 있다. 그렇게 다른 사람의 눈치를 보며 합격하지도 못하고 포기하지도 못하는 좀비 같은 상황이 발생했을 수도 있다. 남의 눈치를 보지 않고 미국회계사를 선택한 결과(상대적으로 미국회계사 시험이 직장생활하며 합격하기에 적당한 공부량임), 적정한 시기에 빠르게 합격할 수 있었다.

지금 가진 것에 집중한다

지금 이 시험 또는 대학을 포기하지 못하는 이유 중 하나는 내가 못 가진 것에 대한 막연한 동경심 때문이다. 우울증 있는 학생들과 상담할 때 많이 하는 말인데, "걱정해주는 친구 있고, 부모님 잘 살아계시고, 당장 편하게 쉴 집이 있는 게 얼마나 행복한 것인지 아세요?"라고 말한다. 시험에 합격 못 했다고 우울증에 걸릴 일은 아니라는 것이다. 못 가진 것으로 우울해하지 말고, 가진 것에 기뻐하면 지금 당장 눈앞의 기회를 포기하더라도 더 좋은 기회를 잘 잡을 수 있다.

인간의 능력은 모두 다르다. 공부를 잘하는 사람이 있는 반면, 그렇지 않은 사람이 있다. 공부도 좀 더 구체적으로 보면, 내가 잘하는 과목이 있고 그렇지 않은 과목이 있다. 내가 잘하는 것을 파악하고 그 능력을 잘 활용하는 것이 중요하다. 능력 있는 사람들은 자신이 잘할 수 있는 것을 잘한다.

네 번째 키워드 * 기회

기회는 '만드는 사람'에게 몰린다

기회는 알아서 찾아오는 것일까, 내가 찾아 나서야 하는 것일까? 둘 다 필요하다. 가만히 있는다고 기회가 찾아오는 것도 아니지만, 내가 찾아 나선다고 늘 기회를 주는 것도 아니다. 결국 둘 다 해야 한다. 그런데 내가 찾아 나설 때 누군가 나에게 기회를 주려면, 내가 무엇인가 남보다 달라야 한다.

나도 공무원으로 일을 할 때는 기회에 대한 고민이 적었다. 안정적인 직장이라는 환경 안에서 어느 정도 알아서 기회가 주어졌기에 크게 기회에 대한 고민을 할 것은 없었다. 공무원을 그만두고 학원 강사와 작가로 활동하면서는 기회가 늘 주어지지 않는다는 것을 깨닫게 되었다. 내가 찾아 나서야 하기도 하지만, 열심히 뛰어다니며 알려도 기회가 늘 주어지는 것은 아니었다. 내가 다른 사람보다 조금 더 눈에 띄는 무엇인가를 만들어서 보여주어야 했다. 나만 가지고 있는 무엇인가를 만드는 것, 그것이 필요했다.

공부도 마찬가지라고 생각한다. 만약 당신이 '열심히 공부해도 기회가 적다고 느낀다'면, 다음의 내용을 참고하면 좋다.

필요하다고 느끼는 포인트 찾기

중고등학생 및 학부모를 대상으로 한 강연을 가서 "왜 공부를 하나요?"라고 물어보면 학생들은 대부분 우물쭈물 대답을 하지만, 50세가 넘은 학부모들은 확실한 대답을 한다. "제가 나가서 일을 해보니, 공부가 정말로 필요하더라고요. 지금이라도 ○○ 분야 쪽으로 새로운 것을 도전해보려고 합니다"와 같이 확실한 방향을 잡는 경우가 많다. 내가 필요한 부분을 찾아 그 부분을 공략해야 한다. 지금까지의 내 경험과 나아갈 방향을 생각해보자. 그러면 무엇이 필요한지 보일 것이다. 그 필요한 부분을 채워 넣는다면 나의 가치가 올라가게 된다.

뾰족하게 만들기

나는 어렵다는 자격증을 여러 개 취득했다. 그런데 과연 효과가 높았을까? 아쉽게도 실망스러울 정도로 큰 도움이 되지 않았다. 그 이유는 간단했다. 뾰족하지 않아서다. 여러 자격증을 땄지만, 하나로 모이지 않으니 의미가 없었다. 제3자의 입장에서 보았을 때, '이 사람은 어느 분야의 전문가다'라는 생각이 각인되게 만들어야 기회가 많이 찾아온다. 예를 들어 '이형재'라는 이름을 들었을 때 딱 생각나는 무엇이 있어야 한다.

나는 국무총리실과 조세심판원에서 근무하며 각종 정책과 세금 관련 업무를 맡았다. 국제재무분석사, 미국회계사, 국제재무위험관리사와 같은 금융회계 자격증부터 공인중개사, 행정사와 같은 자격증에 다양한 컴퓨터 자격증, 워터소믈리에까지 있지만, 이 모든 자격증을 하나로 요약하는 뾰족함이 부족했다.

뾰족함은 각 자격증 분야가 아닌 '시험'이라는 분야에서 나타났다. 공부법 책을 쓸 기회가 온 것이다. 여러 어려운 시험을 합격하다 보니 어떻게 공부했는지가 궁금한 것이었다. 특히 바쁜 직장생활을 하면서 시험에 합격한 부분이 뾰족함이었다. 그래서 《직장인 공부법》이라는 책을 내자고 제안받게 된 것이다.

《직장인 공부법》책을 낸 이후 지속적으로 책을 낼 기회와 강연을 할 기회가 생기게 되었다.

뾰족하게 만들기가 중요하다. 하나의 능력을 확실하게 키워야 한다. 관련 공부를 이어나가려면 기회가 계속 주어져야 한다. 학교에서 공부할 기회, 책을 쓸 기회, 관련 업종에서 일을 해볼 기회와 같은 것들 말이다. 한 번에 모든 것을 잡기보다 하나를 확실하게 공부해서 뾰족하게 만들면 이후 기회가 더 생기게 된다.

노출하기

혼자 열심히 한다고 해서 알아주지 않는다. 우리가 좋은 대학을 가고자 하는 것도 따지고 보면 '노출' 때문이다. 혼자 열심히 해서 실력이 있다고 아무도 알아주지 않는다. 좋은 대학을 가면 실력이 있다고 인정하고 그에 맞는 기회를 준다. 그래서 좋은 학교를 가야 하는 것이다.

노출 수단은 다양하다. 유튜브, 브런치, 블로그 등 다양한 방식으로 자신의 능력을 알려야 한다. 유튜브의 경우 조회 수가 낮아도 의외로 관심을 가지고 지켜보는 사람들이 있다. 그런 사람들이 유심히 보고 있다가 기회를 준다. 나도 강연 요청이 들어오는 경우, 주로 유튜브 영상이나 브런치에 올린 글을 보고 연락을 준다. 특히 노출은 꾸준함이 중요하다. 잠시 잠깐 올리는 것은 누구나 가능하지만, 꾸준하게 올리는 것은 누구나 할 수 있는 일이 아니다. 꾸준하게 올리는 것은 상대방에게 신뢰감을 준다(이 분야에서 오랜 기간 활동한 것만으로도 이상한 사람은 아니라고 생각하게 된다).

당신이 뾰족한 하나의 능력을 만들었다면, 그 능력을 지속적으로 노출시켜라. 그러면 분명 누군가는 찾아올 것이다.

5장

다섯 번째 키워드 ⁎ 상황

나에 대한
객관화하기

중요한 것은 극복을 할 수 있는 상황을 잘 구분하는 것이다. 이는 자기 객관화와 관련이 있다. 나의 상황을 객관적으로 볼 수 있다면, 어떤 것을 극복할 수 있을지 판단하는 데 큰 도움이 된다.

다섯 번째 키워드 * 상황

능력이 중요할까, 상황이 중요할까?

공부에 개인의 능력이 중요할까, 아니면 부모의 경제력과 같은 외적인 상황이 더 중요할까? 미국 대학수학능력시험이라고 할 수 있는 SAT는 수학능력이나 사회경제적 배경과 무관하게 타고난 지능을 측정하는 시험이 아닌 것으로 밝혀지고 있다고 한다. 반대로 SAT 점수는 응시자 집안의 부와 매우 연관도가 높다고 한다. 부잣집(연 소득 20만 달러 이상) 출신으로 1,600점 만점에 1,400점 이상 기록할 가능성은 다섯에 하나였지만, 가난한 집(연 소득 2만 달러 이하) 출신은 그 가능성이 오십에 하나라고 한다. 또한 고득점자들은 그 부모가 대학 학위 소지자인 경우가 압도적으로 많았다고 한다(마이클 샌델, 《공정하다는 착각》,

p.259). 그만큼 부모의 소득과 같은 상황적 요인이 중요하다는 것이다.

그렇다고 해서 노력이 중요하지 않다고 보기도 어렵다. 고등학생들의 학업 성취를 예측하는 변수를 찾아본 결과 개인의 꾸준한 노력과 인내는 지능과 성격 특성의 영향력을 통제했을 때도 유의하게 학업성적을 예측하는 것으로 나타났다고 한다. 또한 투지가 높을수록 학업성적이 좋으며, 이러한 결과는 뛰어난 성취를 얻기 위해서는 타고난 재능뿐만 아니라 후천적인 노력이 중요하다는 것이다(연세대 심리학과 이수란·손영우, 〈무엇이 뛰어난 학업성취를 예측하는가?: 신중하게 계획된 연습과 투지(Grit)〉).

인간의 삶은 하나의 연구 결과로 딱 규정하기 어려울 정도로 복잡하고, 사람마다 다른 점이 있다. 나도 많은 수험생과 상담해보면, "딱 하나의 일반적인 법칙이 무엇이다"라고 말하기는 어려울 때가 많다. 그렇다고 해도 만약 노력과 상황 둘 중 어느 것이 더 중요하냐고 묻는다면, 나는 상황이 더 중요하다고 본다. '물이 들어올 때 노를 젓는 것이 중요하다'고 생각한다. 그렇지만 외적인 상황을 변화시킬 수 없이 나에게 주어진 것이라고는 생각하지 않는다. 외적인 상황도 일정 부분 내 노력으로 바꿀 수 있다. 결국 능력이라는 것은 반드시 타고난 것은 아니며 상황에 따라 결정되고, 또 특정 상황에서도 내가 얼마나 꾸준하게 노력하느냐에 따라 결과가 달라질 수 있는 것이다.

나 같은 경우 학창 시절, 믿기 어려울 수 있겠지만 그렇게 뛰어난 학생은 아니었다. 집은 평범했고, 특별히 잘하는 과목이 있는 것도 아니었다. 영어·수학·과학 경시대회 수상 실적도 없었고, 특별 과외를 받거나 어학연수를 가거나 할 형편도 아니었으므로 공부를 아주 잘하기에 적합한 환경은 아니었다. 나는 이 상황에서 어떤 방식으로 노력을 이어나갔을까?

주어진 변수와 바꿀 수 있는 변수를 구분해라

고등학생을 대상으로 한 강연에 가면 늘 받는 질문이 하나 있다.

"어떻게 수학을 잘할 수 있나요?"

아무래도 수학이 어렵다 보니 많은 학생이 고민하는 과목이기도 하다. 나도 그랬다. 비법을 전수받을 스승도 없었고, 뛰어난 능력도 없었으니 꾸준함으로 승부하기로 했다.

그래서 나는 수학 문제를 일단 혼자서 많이 풀어보았다. 많이 풀어보니 어느 정도의 유형이 구분되었는데, 풀이 방법 유형별로 문제를 정리해서 풀이법을 외우기 시작했다. 정확하게 말하면 외운다기보다는 많이 연습해서 익숙하게 하는 것이다. 시간이 지나니 문제 유형이나 패턴만 봐도 어떤 문제집을 만드는 회사에서 출제한 문제인지까지 어느 정도 파악이 되었다. 그렇게 해서 올릴 수 있는 실력은 어디까지였을까? 수학능력시험을 잘 보는 데까지는 이런 방식의 노력으로 만들 수 있었다. 사실 그 이상의 실력은 이런 방식만으로는 만들기 어렵다.

사실 나에게 주어지는 상황을 결코 무시할 수 없다. 나의 타고난 능력, 부모의 경제력 등 내가 이미 결정할 수 없는 요인들이 많다. 이런 것들은 이미 나에게 '주어진 변수'다. 나는 주어진 변수에 대해서는 크게 관심을 가지지 않기로 했다. 내가 '바꿀 수 있는 변수'에 집중하되, 어디까지 바꿀 수 있는지만 보았다. 수학이라는 과목에서 내가 바꿀 수 있는 수준은 시중에 있는 문제집을 풀어 수능 시험에서 좋은 결과를 받을 수 있는 선까지였다. 지방에서 살면서 실력 있는 선생님들에게 특별 과외를 받을 만큼의 상황은 아니었더라도 시중에서 파는 문제집을 살 정도의 경제력은 되었고, 열심히 문제 유형을 분석하면 수능 점수는 잘 받을 정도의 실력은 만들 수 있었다. 거기에만 집중했다.

주어진 변수를 원망할 시간도 아까웠다. 어차피 원망한다고 달라지는 것도 없는데, 원망을 하고 있으면 바꿀 수 있는 변수를 바꾸는 데 필요한 시간을 날리는 것 아니겠는가?

어느 정도 상황을 극복하는 것은 가능하다. 물론 극복이 안 되는 상황도 있겠지만, 꾸준함과 투지를 장착한다면 어느 정도 극복할 수 있다. 여기서 중요한 것은 극복할 수 있는 상황을 잘 구분하는 것이다. 이는 자기 객관화와 관련이 있다. 나의 상황을 객관적으로 볼 수 있다면, 어떤 것을 극복할 수 있을지 판단하는 데 큰 도움이 된다.

다섯 번째 키워드 * 상황

현재 나의 상황을 객관적으로 파악하는 방법

"그거 합격하기 위해 이렇게까지 공부해야 해요?"
"열심히 공부했는데, 제가 더 무엇을 해야 할까요?"
"제가 합격자들에 비해 못한 것이 뭐가 있어서요."

수험 상담을 하다 보면 자기 객관화가 덜 된 사람들을 종종 만나게 된다. 그 시험에 합격하기 위해 어떤 사람은 인생을 걸고, 열심히 공부한 사람보다 더 열심히 공부하는 사람도 있으니 안 되는 것이지, 당신이 못나서 좋은 결과를 얻지 못했다는 뜻이 아니다. 그저 경쟁자들에 비해 조금 부족했다는 뜻일 뿐이다. 현재 상황을 자신의 방식대로 해석하고 객관화하지 못하면, 다른 곳에서 실패 이유를 찾게 된다. 어떤 공부를 해도 좋고 안 해도 좋지만, 이유를 제대로 찾지 못하면 세상에 대한 원망이 생기거나 다른 공부를 할 때 장애가 될 수 있는 만큼 객관적으로 상황을 보는 눈을 키워두어야 한다.

자기 객관화를 못 하는 이유

이룬 것, 얻은 것에 대한 과대평가

수험 상담을 해보면 '예전에 이만큼 열심히 했고, 이런 평가를 받던 사람이다'라는 생각이 너무 강한 경우가 있다. "○○대학을 나올 만큼 공부를 잘했고…" 또는 "제가 5급 공무원 시험 준비했었는데 9급 시험까지 낮추기는… 좀…"과 같은 말을 하면 나는 한 귀로 듣고 한 귀로 흘려버린다. 심지어 자기가 가진 재력에 비해 이렇게까지 공부해야 하느냐는 시험 합격과는 관련이 없는 것을 기준으로 평가를 하기도 한다.

시험공부는 그것과 관련된 요소로만 판단해야 한다. 나 또한 마찬가지다. 서울대학교를 나왔다고 해서 시험 보는 것에 가산점이 있는 것은 아니다. 모든 사람이 0점에서 시작하고, 0점에서 점수를 올리는 데 필요한 요소로만 현재 상황을 평가해야 한다. 그동안 이룬 것이 지금 문제 하나 푸는 데 도움이 되지 않는다면 지금 자신의 상황을 객관적으로 평가하는 데 고려해야 할 요소가 아니다. 점수 올리는 데 필요하지 않은 요소를 먼저 제외시킬 수 있어야 자기 객관화가 가능하다.

정확한 원인 분석에 대한 고민 부족

경쟁률이 20 대 1인 시험이 있다고 생각해보자. 20명 중 한 명만 합격하는 시험이다. 내가 아무리 열심히 해도 나보다 더 열심히 하고 능력도 뛰어난 친구가 있다면, 나는 불합격이다. 그런데 "저는 진짜 열심히 공부했는데 왜 합격하지 못하는 것일까요?"라고 물어보면, 정확한 상황을 모르고 하는 질문이다. 열심히 한다고 합격하는 것 자체의 원인 분석이 틀렸다. 열심히 해야 합격하는 것이 아니라, 20 대 1을 뚫어야 합격하는 것이다. 나는 상담을 할 때 늘 "제가 ○○님이 열심히 하지 않았다는 취지로 말씀드리는 것이 아닙니다"라는 말을 입에 달고 산다.

수치적 평가 부족

상담을 해보면, 자기 객관화가 부족한 사람일수록 수치적인 평가에 약하다. "열심히 했습니다. 최선을 다했습니다"와 같은 말은 많이 하지만, 정작 시험 점수, 모의고사 점수, 공부 시간 계산과 같은 수치적인 질문을 하면 잘 모르겠다고 답하는 경우가 많았다. 특히 상담을 해보면, "모의고사는 꼭 보고 시험장에 들어가야 하는 것인가요?"와 같은 질문을 하는 경우가 있다. 모의고사를 보는 이유는 내 상태를 수치적으로 확인하기 위해서다. 이런 질문을 하는 사람들은 공부하는 것만 생각하지, 현재 내 상황이 어떤지에 대한 객관화에 대한 고민이 부족한 태도라고 볼 수 있다.

상황 변화에 대한 자각 부족

작년에는 충분히 합격할 사람도 올해 떨어지는 경우도 있으며, 안 될 것 같은 사람도 운 좋게 합격하기도 한다. 대학 입시든, 공무원 시험이든, 자격증 시험이든 해마다 상황이 조금씩 다르다. 선발 인원 자체가 해마다 다르기도 하고 경쟁자들의 상황도 해마다 다르기에 상황은 매번 다르게 흘러갈 수밖에 없다. 특히 공무원 시험의 경우 선발 인원이 해마다 천차만별이다. 어떤 해는 수십 명을 뽑다가 그다음 해는 거의 안 뽑기도 해서(여타 자격증 시험들보다 선발 인원이 평탄하지 않다), 사실 운도 필요하다.

그런데 상황에 대한 사람들의 판단은 객관적이지 않다. 충분히 합격할 수 있었는데 떨어지는 사람의 경우에는 '자신의 실력 부족이라고 너무 과하게 자책'하기도 하고, '세상이 잘못된 것이라고 생각'하며 의욕을 잃기도 하는데, 이는 그저 상황이 변화해서 그런 것이고, 언제든 상황은 변할 수 있다고 어쩌면 다소 객관적이고 무미건조하게 넘길 필요가 있다. "왜 제가 공부할 때는 선발 인원이 줄었을까요? 저에게는 안 좋은 기운이라도 있는 것일까요?"와 같이 그 상황에 너무 많은 감정을 담아서는 안 된다.

반대의 경우도 마찬가지다. 운 좋게 합격한 사람은 '내가 열심히 했으니 당연히 붙는 것'이라고 판단하는 경우가 있다. 이제 당연히 나는 합격할 수 있는 사람이라고 착각하는 경우가 있는데, 이 또한 조심해야 한다. 7급 공무원 시험을 6개월 만에 합격한 수험생이 상담을 요청한 적이 있었다. "5급 공무원 공채 시험을 도전해보면 어떨까요?"라고 질문하길래, 나는 "7급과 5급은 시험이 완전히 다르니 하지 않는 것을 추천합니다"라고 했다. 상담한 사람 입장에서는 6개월 만에 붙었으니, 당연히 충분히 더 어려운 시험도 붙을 수 있지 않을까 생각할 수 있겠지만 나는 더 이상의 공부를 말렸다. 왜냐하면 합격 당시에 공무원을 많이 뽑는 상황이었고, 상담 과정에서 공부한 양을 들어보았을 때 다른 경쟁자들보다 크게 더 많지도 않았으며(특출하게 치열하게 공부한 흔적이 없었음), 일부 운이 좋아 잘 찍어서 맞힌 문제가 있는 것을 보니 6개월 만에 붙은 것은 운이 잘 작용한 덕분 아닐까 하는 생각이 들었기 때문이다.

다섯 번째 키워드 * 상황

운은
정말 중요하다

내가 행정고시를 공부할 때의 일이다. 어머니께서 큰 시험을 앞두고 불안하다고 하시면서 용하다는 점집에서 점을 본 적이 있다. 점을 본 결과는 어땠을까? 운이 좋았다. 그해 무조건 합격할 운이라고 했다. 점집에서 얻은 좋은 운세 덕분인지는 모르겠지만, 정말 합격을 했다. 당연히 논리적으로 생각해보면, 운보다 중요한 것은 실제 공부를 얼마나 했느냐일 것이다. 실력이 있어야 합격할 수 있으니까.

하지만 운 덕분에 용기를 낸 부분은 있었다. 이번에 될 운이라고 하니 용기가 났었다. 할 수 있을 것이라는 희망과 용기가 생겨 더 열심히 했다. 그런데 만약 그 점괘를 듣고 '합격할 운이니 적당히 공부해도 되지 않을까?'라고 생각했다면 어떻게 되었을까? 운은 좋아도 합격하기 어려웠을 것이다.

결국 운이라는 것도 받아들이기 나름이고, 점괘는 용기를 내는 데 필요한 요소에 불과하다. 하지만 공부를 할 때 운이라는 것을 심리적으로 그저 무시하기 힘든 부분이 있다. 점을 잘 보는 사람이 운이 안 좋다고 한다면, 심리적으로 흔들릴 수밖에 없기 때문이다.

운과 시험 합격은 인과관계가 있을까?

논리적으로 따지면, 당연히 시험 합격은 실력으로 결정된다. 하지만 그것만이라고 생각하는 사람은 없을 것이다. 시험에도 운이 있다. 절대 없다고는 할 수 없다. 열심히 공부해도 내가 약한 부분만 골라서 시험에 출제가 된다면, 정말 운이 나쁜 경우라고 생각할 수밖에 없을 것이다. 그리고 내가 응시한 곳에 하필 사람들이 몰려 다른 지역이나 학교에 원서를 냈으면 합격할 점수였음에도 탈락한다면, 역시 운이라고 생각할 수밖에 없는 것이다. 나도 여러 시험을 봤지만, 운이 아예 없다고 할 수는 없었다.

  나는 실제 시험장에 가면, 헷갈리는 문제들이 있고 이 헷갈리는 문제들을 얼마나 잘 찍어내느냐에 따라 이번 시험의 운을 판별한다. 예를 들어보자. 4지 선다형 객관식 시험 문제에서 두 지문 중 헷갈린다. 시험장에서는 방법이 없다. 둘 중 하나를 찍어야 한다. 만약 이런 문제가 시험을 보는 내내 6문제가 나왔다고 하자. 각 문제당 득점할 확률은 1/2(50%)이다. 확률적으로 본다면, 6문제 중 3문제는 맞혀야 한다. 그런데 만약 6문제 중 하나도 못 맞히면 지지리도 운이 없었다고 생각할 수 있다. 모두 틀릴 확률은 1/2을 여섯 번 곱한 1/64이기 때문이다. 1/64의 확률로 찍은 것이 모두 틀렸다면, 그렇게 운이 좋다고 볼 수는 없다. 이런 경우에는 운이 나빠서인지 전체적인 시험 결과는 그리 좋지 않았다.

  최선을 다했고, 최선을 다한 후 본 시험에서 찍은 문제 중 틀리는 문제가 많았다면, 어쩔 수 없는 일이다. 노력해도 안 되는 부분, 바로 이 부분이 운이라 할 수 있다. 내 경험상 이 부분을 줄이기 위해 노력해도 100문제 중 2~3문제 정도는 내가 기억하지 못하거나 공부하지 않았던 영역에서 출제가 되었다. 결국 운이 작용하는 영역은 시험 합격에 5~10%의 영향은 준다고 볼 수 있다.

운에 흔들리지 않는 공부를 하는 방법

운수 좋은 날이 있다. 예를 들어 버스 정류장에 도착했는데 내가 타야 하는 버스가 바로 오고, 매번 손님이 많아 줄 서서 밥을 먹어야 했던 식당에 마침 손님이 적어 빨리 식사를 할 수 있었다면 '오늘 운이 괜찮네'라고 생각하게 된다. 반대로 챙겨가야 할 준비물을 깜빡하고 버스를 탔는데 계속 신호에 걸려 예상보다 늦게 목적지에 도착한다면, 우리는 '오늘 일진이 별론데…'라고 생각하기 마련이다.

공부도 마찬가지다. 공부하려고 책을 폈는데 연필이 없고, 주변이 산만하고, 잠시 인터넷으로 강의를 듣고 있는데 자꾸 카카오톡 메시지 알림이 울리면 제대로 공부를 할 수가 없다. 오늘 유독 그렇다. 그러면 '오늘따라 왜 이렇게 운세가 안 좋지?'라는 생각이 들게 된다. 운이 좋은 날을 만들려면 주변 환경을 잘 관리해야 한다. 주변을 최대한 산만하지 않게 만드는 것이다. 결국 환경과 습관을 잘 관리해야 하는 이유는 '운이 좋은 날', '일이 잘 풀리는 날'을 만들기 위해서다. 우리가 통제할 수 없다고 생각하는 운이라는 것도 일정 부분 생활을 관리함으로써 좋은 운으로 만들 수 있는 것이다.

끝까지 운에 좌우되지는 않는다

만약 당신이 운이 나빠 시험에서 내가 공부하지 않은 것만 문제로 나온다면, 당신은 어떻게 할 것인가? 그럴 일은 일반적으로는 발생하지 않지만, 아주 낮은 확률로 그런 경우가 있다. 실제 행정고시 수석 합격한 분의 일로 유명한데, 수석 합격하기 전해에 한 과목에서 지지리도 운이 없게도 자신이 놓친 주제가 시험에 나와 한 과목이 과락(40점 미만이면 과락)이 나오게 되었고, 시험에 탈락했다. 다른 과목은 점수가 좋아서 평균 점수는 그리 낮지 않았지만, 시험 정책상 40점 미만이 한 과목이라도 나오면 안 되기에 탈락하게 된 것이다. 공부한 것에 비해 좋지 않은 결과를 얻은 것이다. 운이 안 좋은 해라고 볼 수 있다. 여기서 한탄하고 멈추었다면 이후에 수석 합격이라는 영광은 얻지 못했을 것이다. 내가 상담을 할 때 자주 하는 말이 있다.

"운 때문에 한두 번 시험을 망칠 수는 있어도, 모든 시험을 망치지는 않습니다. 결국 여러 시험을 보다 보면 몇 번 운이 안 좋을 수는 있지만, 모든 경우가 운에 좌우되지는 않으니 너무 걱정하지 않기를 바랍니다."

다섯 번째 키워드 * 상황

주변 관계
대처 방법

어떤 수험생의 상담 사례다.

"저의 언니는 작년에 중등 임용고시에 합격했고 저는 공시 준비를 계속하고 있어요. 그런데 언니가 제게 인강(인터넷 강의)은 아예 듣지 말고 기출문제만 풀어라, 단기 합격 수기를 봐라, 그냥 암기 과목만 공부해라. 이런 식으로 자꾸 간섭을 합니다. 조언이라고는 하지만 명령조일 때가 많고요. 요즘 그런 문제로 자주 말다툼하는데 공부하다가 울컥 화가 나서 눈물이 나고 감정 낭비가 커져서 방해가 많이 됩니다. 언니가 부럽고 질투 나기도 해요. 가족한테 이런 감정 느끼는 게 참 싫은데 언니는 또 그게 열등감이라고 꼬집어 말합니다. 가뜩이나 자존감이 낮아져 있는데 너무 힘이 듭니다."

주변 사람은 내가 공부하는 데 영향을 주는 요인이다. 친구는 어느 정도 내가 정할 수 있지만, 가족과 같은 주변 사람은 내가 마음대로 정할 수 없다. 수험 상담을 하면 절반 이상은 심리적인 문제인 경우가 많고, 심리적인 문제는 대부분 부모님, 주변 사람들과의 다툼에서 비롯된다.

위 상담 사례에서 말한 바와 같이 언니는 동생이 잘되었으면 하는 마음으로 하는 말이겠지만 지금은 오히려 독이 되고 있다. 좋은 약을 과다복용하면 독이 되는 것과 같다. 특히 남보다 가족이 더 무서울 때가 있는데, 그게 바로 '말로 상처를 줄 때'다. 가족이기 때문에 더 배려 없이 난폭한 표현을 쓰기도 한다. 이럴 때 주변 사람들과 어떻게 지내느냐가 학습 효율에 큰 영향을 주기 때문에 정말 주변 사람들과 관계를 잘 설정하는 것이 필요하다.

주변 관계가 자꾸 무너지는 이유

불안한 마음

나는 전업수험생인 시절도 있었지만, 직장생활을 하면서도 약 10년간 공부했다. 전업수험생일 때는 '이거 합격 못 하면 백수가 될 수도 있다'는 생각에 매우 불안했다. 그 불안한 마음은 민감함, 대인관계에서의 자신감 하락 등으로 이어졌고, 나도 주변 사람들에게 말을 할 때 날카롭게 반응하게 되었다. 그렇다 보니 주변 관계가 악화하는 것이다. 주변 사람들은 별생각 없이 "요즘 취업하기 힘들다던데"라고 말해도 나는 '아직 시험에 못 붙었다고 꼽주는 건가?'라고 오해하면서 날카롭게 반응하게 되는 것이다. 혼자 공부하는 시간이 많다 보니 더 이런저런 생각이 날 수 있는데, 자신의 불안한 마음이 상대방에 대한 공격성으로 이어지지 않게 조심할 필요가 있다.

더딘 성과

수험기간이 긴 시험일수록 성과가 빠르게 나기 어렵다. 결과를 기다리는 주변 사람 입장에서는 더 더디게 느껴진다. "몇 년째인데 아직 합격을 못 했어?", "아직도 공부 중이야?"와 같은 말로 신경을 거슬리게 한다. 별생각 없이 왜 이렇게 오래 걸리나

하는 생각을 할 수 있다. 경쟁률을 고려했을 때 9급 공무원 시험 합격에 2~3년 걸리는 것은 정상적인데, 시험을 잘 모르는 사람은 "왜 이렇게 오래 걸려?"라고 하며 문제 있는 것 아니냐는 뉘앙스로 말하면 그 사람과의 사이가 틀어질 수 있는 것이다.

그 시험에 대해 잘 모르는 사람들이 하는 말에는 크게 신경 쓰지 말고 넘기려는 자세가 필요하다. '몰라서 그러는 거야'라고 생각하며 털어버리는 것이 좋다. 내 입장에서 이해해주고 나의 힘든 점을 알아주면 정말 고마운 사람이지만, 대부분 상대방의 입장에서 완전히 생각해주는 경우는 많지 않다. 그러니 섭섭하게 생각하지 마라.

주변 사람들의 성향
간섭하는 것을 좋아하는 성향의 사람들이 있다. 위 상담 사례의 언니와 같이 계속 간섭하고 참견하는 사람들이 있다. 주변 사람의 성향이 그렇고, 내가 불편하다면 가급적 피하는 것이 좋다. 위 상담 사례에서는 가급적 마주치지 않게 생활하는 것을 추천한다. 자주 마주쳐서 싸울 일이라면 피하는 것이 심리적으로 낫다.

당신의 마음을 방어하기 위해 필요한 '마음 나누기' 연습

"3년 전이었을까요. 제가 공부하다가 국가직 시험 끝나자마자 안 좋은 일을 겪었어요. 그 이후로 4~6월만 되면 그렇게 힘들었어요. 1년간은 책상에만 앉아있는 상태로 지내왔고(일명 무늬만 공생) 그 이후 1년간은 공부는 하는데 눈이나 머리에 들어오지 않았어요. 3년 전에 우울 경계에 불안이 심해서 심리 상담을 받으면서 버텨왔고 그 이후로는 법적으로 싸워야 할 일이 생겨서 또 반년을 보내고 너무 힘들었어요. 이제야 그 악몽에서 벗어나 살 수 있나 했거든요. 근데 올해는 이상하게 제 딴에 시험에 대한 압박감이 심해서 그런지 시험 앞두고 잠도 못 자고 그랬더니 시험 다 끝나고 건강에 이상이 온 것 같더라고요. 지금 이 순간에도 내가 왜 이렇게 힘들어해야 하는지 속상하고 눈물만 나거든요. 병원에선 쉬어야 하고 스트레스받지 않고 잘 먹고 잘 자야 낫는다고 하는데, 솔직히 저는 지금 쉬긴 해도 마음 한편에는 다시 공부해야 하는데 언제 어떻게 다시 시작해야 하나 싶은 생각만 듭니다."

개인적으로 안 좋은 일이 생긴 것은 어쩌면 나에게 다가온 '내가 어찌할 수 없는 일'이다. 이미 벌어진 일이고, 이에 내가 할 수 있는 건 그 상황에서 '내가 덜 상처받는 것'뿐이다. 그리고 잘 회복하는 것이다.

나도 살면서 억울한 일, 화가 나는 일을 겪었다. 어떨 때는 그 사람에게 복수하고 싶은 마음도 들었고 원망도 생겼지만, 결국 차분하게 생각해보면 복수하는 길은 '내가 잘되는 것'이었다. 내가 잘 안되기를 바라는 사람에게 내가 잘되는 것을 보여주어야 한다.

'만약 내가 어떤 일로 많이 힘들어한다면, 그 사람이 더 기뻐하지 않을까?'라고 생각해라. 그리고 건강하게 생활하자. 건강이 좋지 않으면 공부를 할 수 없다. 정확하게는 시험공부에서 좋은 결과를 얻기 어렵다. 건강한 사람도 힘든 것이 공부인데, 아픈 상태에서 어떻게 잘되겠는가. 일단 푹 쉬면서 자신을 추슬러야 한다.

"일단 휴식을 취하면서 건강 회복에만 신경 쓰세요. 공무원 시험은 나이 제한이 없으니 언제든 다시 시작할 수 있습니다. 실제 오십 넘어서 합격한 분들도 봤어요. 건강이 우선이니 건강부터 챙기신 후 회복하고 공부하시기 바랍니다."

건강을 회복한 후 필요한 것은 '마음 나누기' 연습이다. '마음이 방으로 나누어져 있어 그 방의 문을 닫으면 방 안에 있던 여러 생각과 감정이 사라진다면 얼마나 좋을까' 생각해본 적이 있다. 나는 부정적인 감정과 나 자신을 분리시키려는 노력을 했다. 처음에는 힘들었지만 마음 나누기 연습을 하면 할수록 점점 생각이 분리되었다. 〈죽은 시인의 사회〉라는 영화에서 카르페 디엠이라는 용어가 나온다. 카르페 디엠carpe diem은 '현재에 충실하라'는 뜻의 라틴어다. 집착이나 미래의 불안 등의 감정에 갇히지 말고 지금 해야 할 일을 하는 것이다. 이것이 '마음 나누기' 연습의 출발점이라고 생각한다.

주변 사람들과의 일로 가급적 감정이 소모되는 상황을 피하려고 노력해야 하지만, 세상을 살면서 감정이 소모되는 상황을 완벽히 피할 수는 없다. 마음 나누기 연습을 통해 주변 사람들과의 문제로 생긴 안 좋은 일에 대한 감정을 한곳에 묶어두자. 그 방에서 나오지 못하게 하자. 내가 잘되면 잘될수록 그 방의 크기는 줄어들 것이다.

다섯 번째 키워드 * 상황

당신을 괴롭히는 편견

"선생님은 서울대학교를 나왔으니 시험 잘 보시겠지만, 저는 그렇게 하기 어렵습니다." "선생님 저는 ○○대학을 나와서 그렇게 공부를 잘하는 편은 아닙니다. 그래서 제가 시험에 잘 안 되는 것 같습니다."

　○○대학이 좋지 않다는 편견을 만들어 스스로의 실력을 그 안으로 묶어두는 말이다.

　내 수업을 들은 수험생의 이야기다. 공무원 7급 시험에 합격했다고 해서 축하하는 의미로 함께 식사를 했다. 이런저런 대화를 하다가 그 학생이 고졸이라는 것을 알게 되었다. 사실 공무원 7급 시험이 쉬운 시험은 아니다. 경쟁률도 높지만, 서울권에 괜찮은 학교에 다니는 학생들이 많이 응시하고, 5급 공채 시험을 보다가 잘 안되면 7급 시험을 보기도 해서 경쟁자들의 실력도 상당하다. 그들 중에서는 시험과목이 대학교 전공과목이기도 하다.

나: 왜 대학에 안 갔어요?

합격생: 굳이 갈 필요가 없다고 생각해서요.

나: 대학교에서 전공한 학생들도 어렵다고 느끼는 시험인데 공부하면서 힘들지 않았어요?

합격생: 그냥 계속 문제 풀고 내용 정리하고 공부하니까 패턴을 알겠더라고요.

사실 생각하기 나름이다

그렇다. 주변에서 또는 사회에서 보는 시각에 무덤덤할 필요가 있다. 그 합격생은 자신이 대학에 가지 않았다는 사실 자체를 크게 의식하지 않고, 그저 시험 문제 자체에만 집중했다.

나:　　　왜 이렇게 공무원 시험을 열심히 공부할 생각을 하게 되었어요?

합격생: 고등학교 졸업하고 취업을 해보니 좋은 직장 구하기도 어렵고 대접도 그렇게 좋지 않더라고요. 그래서 더 합격해야겠다는 생각을 하게 되었습니다.

대학교에 가지 않은 것을 자신의 한계로 생각하지 않고, 오히려 필요성으로 생각했기에 더 빠르게 합격할 수 있었다. 대학이 안 좋으면 시험공부도 못 할 것이라는 편견에 자신을 가두지 말고, 그저 문제에만 집중해라.

왜 나는 편견에 괴로워하는가?

일반적으로 편견에 흔들리는 사람은 스스로에 대한 확신이 없는 경우가 많다. 내가 하는 공부에 대한 확신, 나의 가능성에 대한 믿음이 부족하면 그 부족한 부분을 다른 사람의 판단으로 채워 넣으려고 한다. 네이버 카페를 통해 학습 상담을 할 때, 가장 많이 나오는 문장 중 하나가 '이렇게 공부하려고 합니다. 괜찮나요?'다. 진짜 몰라서 물어보는 것은 상관이 없다. 계획을 구체적으로 다 세워놓고도 불안해서 괜찮은지 계속 물어보는 경우가 있다.

시험공부라는 것은 어디서 출제될지 알 수 없고, 합격할 수 있을지가 불확실하다 보니 불안함을 느끼고 자꾸 다른 사람으로부터 확신을 얻으려 한다. 특히 학창 시절 '시키는 공부'를 오래 한 경우라면 '내가 앞으로 무엇을 해야 하는지', '어떤 공부를 해야 하는지', '좋아하는 것은 무엇인지'를 잘 모를 수도 있다. 스스로에 대한 확신이 없는 경우 다른 사람의 말을 통해 부족한 확신을 채우고 싶어진다. 그리고 조금 더 먼저 진로를 선택한 선배 또는 주변 어른들에게 의존하게 된다. 그러면 그 조언들이 나에게 도움이 되는지 여부와 관계없이 그들의 조언에 흔들리게 된다. 그 와중에 다른 사람의 편견이 개입될 여지가 있다.

사실 다른 사람이 괜찮다고 말한다고 해서 괜찮아지는 것은 아니다. 다른 사람이 하는 말은 그 사람의 기준에서 하는 말이라 편견이 들어갈 가능성이 크다. 내가 정확한 주관을 잡지 못한 상태에서 다른 사람의 조언에 크게 의존하면, 그 사람의 편견에 흔들릴 가능성이 크다. 먼저 자신의 주관을 잡는 것이 중요하다.

나는 직장인이 되어 공부할 때 주변에 이렇게 공부하는 사람이 아무도 없어 공부 방법을 개척해나가야 했다. '직장생활하면서 굳이 그렇게 공부할 필요가 있냐'는 의견도 있었고, '직장생활하면서 공부하는 것은 불가능하다'는 의견도 있었다. 그보다 내가 필요한 것이 무엇인지, 그것을 달성하기 위해 어떤 방식으로 공부할 수 있는지, 현실적으로 가능한 것인지를 따져보고 스스로 판단했다. 다른 사람의 편견에 흔들렸다면 이렇게 오랜 기간 공부하기 힘들었을 것이다. 편견에 흔들리지 않으려면 자신의 주관을 잡고 공부하는 습관을 지속적으로 만들어나가야 한다.

에필로그

공부하는 사람에게 필요한
현실 조언

수험생이 공부할 때 독서실 책상에 동기부여용 격언을 붙여놓곤 한다. 마음을 다잡는 데 큰 도움이 되겠으나, 나는 더 현실적인 도움을 주는 문구를 알려주고자 한다.

시험 준비와 관련해 자주 인용되는 짧고 직설적인 문구들을 정리했다.

"흔들릴 땐 일단 버티고 생각해라. 버티는 자 합격한다."

공부를 하다 보면 이 길이 내 길이 맞을까, 계속해야 하는 것일까 하는 의문이 중간중간 들때가 있다. 특히 체력적으로,

정신적으로 힘들 때 더욱 그렇다. 파울로 코엘료가 쓴《마법의 순간》이라는 책에 이런 문구가 나온다.

> 살다 보면 흔히 저지르게 되는
> 두 가지 실수가 있습니다.
> 첫째는 아예 시작도 하지 않는 것이고,
> 둘째는 끝까지 하지 않는 것입니다.

그렇다. 시작을 했으면 일단 끝까지 가보는 것이 좋다. 끝까지 가본 후 그만둬도 늦지 않다. 흔들릴 땐 일단 버텨라. 나도 공부하는 중에 흔들릴 때가 많았다. 그럴 때일수록 아무런 생각을 하지 않고 공부만 하려고 했다. 일단 자리에 앉아 공부하는 상태를 고수하려고 노력했다. 잘 버틸수록 원하는 바를 얻을 수 있다.

"노력은 배신할 수 있다. 노력이 배신하지 않도록 한발 앞서 나가라."

"노력은 배신하지 않는다"라는 말이 있지만, 나는 그 말을 믿지 않는다. 노력했다고 반드시 이루는 것은 아니다. 수능 시험 경쟁률, 공무원 시험 경쟁률만 봐도 그렇다. 공무원 시험을 준비한 수험생 중 84%는 결국 탈락한다고 한다(박성재 한국노동연구원 전문위원, 〈공무원 시험 실패의 중단기 노동시장 성과〉). 그중 열심히 공부하지 않은 경우가 있겠지만, 탈락한 사람 중 분명 열심히 노력한 경우도 있을 것이다. 노력이 성과를 반드시 만들어주는 것은 아니다. 나의 노력이 나를 배신하지 않도록 남보다 한발 앞서서 노력해라.

"시작보다 중요한 것은 끝이다."

대부분의 수험생은 처음 시작에 큰 신경을 쓴다. 책 선택에도 신중하고, 의욕적으로 강의도 듣기 시작한다. '열심히 공부해야지! 이렇게 공부하면 빨리 합격하겠지!'라고 생각하며 시작하지만, 몇 달이 지나고 나면 힘들고 지루해진다. 매너리즘에 빠지는 것도 한순간이다. 나에게 교재가 안 맞나 싶어 커뮤니티를 뒤적거리다 또 새 책을 구매한다. 택배 박스를 신나게 뜯으며 다시 새로운 설렘을 느낀다. 요즘 인강을 들으며 공부하는 경우가 많은데 평균적으로 인강을 끝까지 듣는 비율, 즉 완강률은 약 절반 정도다. 나머지 절반은 중간에 듣다가 그만두는 것이다.

등산에 비유한다면, 등산용품을 사고 등산 계획을 세우는 데는 설렘을 느끼지만 정작 정상까지 오르지는 못하는 경우라고 생각하면 된다. 이런 경우라면 정상까지 올랐을 때의 기쁨은 누리지 못한다. 반면 공부를 잘하는 사람들은 끝을 잘 낸다. 공부를 잘하는 사람들은 비록 등산 장비가 평범할지라도 산 정상에 올랐을 때의 기쁨을 누릴 수 있다.

"와! 드디어 끝났다! 내가 이걸 다 봤구나!" 이렇게 '시작'보다 '끝'에서 보람을 느껴야 합격할 수 있다. "열심히 했는데 왜 저는 합격 못 하는 것일까요?"라고 말하는 사람 중에서 끝까지 제대로 마무리를 잘하는 경우를 본 적이 별로 없다. 중간중간 열심히 한 순간이 있지만, 찔끔찔끔 하다 말고, 쉬었다가 다시 하고, 보다 말다 하며 시간을 보내는 경우가 부지기수다. 듣다 만 강의, 풀다 만 교재는 안 한 것과 마찬가지다.

"과정은 잘 기억나지 않지만, 결과는 기억난다."

"이번 모의고사 점수가 완전 내려갔네. 휴 어쩌지." 모의고사 성적이 좋지 않으면 기분이 좋지 않다. 하지만 그 기억은 얼마나 갈까? 다음 모의고사를 잘 보면 이미 기억나지 않는 점수이며, 특히 실제 시험 점수를 잘 받으면 아예 관심조차 가지 않는 점수다. 모의고사 점수뿐만 아니라 공부하는 중에 아팠던 순간, 힘들었던 순간, 피로했던 순간은 모두 좋은 결과를 받으면 추억이 될 뿐이다.

나도 공부하면서 아픈 배를 움켜쥐고 공부했던 적도 있고, 시험 전날 잠을 못 자서 박카스 3병에 두통약을 먹고 시험을 본 적도 있지만, 결과가 좋으니 다 추억으로 넘어가게 된다. 사실 이제는 기억도 확실하게 나지 않는다. 하지만 좋은 결과를 받았다는 그 사실은 기억이 나고, 오래 지속되며, 내 미래에 큰 영향을 준다. 중간중간 힘든 일이 있더라도 반드시 결과를 잘 내야 한다. 힘들고 흔들릴 때마다 그 사실을 명심해라.

합격하는 공부는 시스템이다

초판 1쇄 인쇄 2025년 12월 1일
초판 1쇄 발행 2025년 12월 10일

지은이 이형재
펴낸이 최순영

출판1 본부장 한수미
와이즈 팀장 장보라
편집 김혜영
디자인 푸른나무디자인

펴낸곳 ㈜위즈덤하우스 **출판등록** 2000년 5월 23일 제13-1071호
주소 서울특별시 마포구 양화로 19 합정오피스빌딩 17층
전화 02) 2179-5600 **홈페이지** www.wisdomhouse.co.kr

ISBN 979-11-7591-001-0 (03190)

- 이 책의 전부 또는 일부 내용을 재사용하려면 반드시 사전에 저작권자와 ㈜위즈덤하우스의 동의를 받아야 합니다.
- 인쇄·제작 및 유통상의 파본 도서는 구입하신 서점에서 바꿔드립니다.
- 책값은 뒤표지에 있습니다.